À M. Antoine d'Abbadie,
membre de l'Institut

Souvenir et hommage de l'auteur

U 486

MER ROUGE

ET

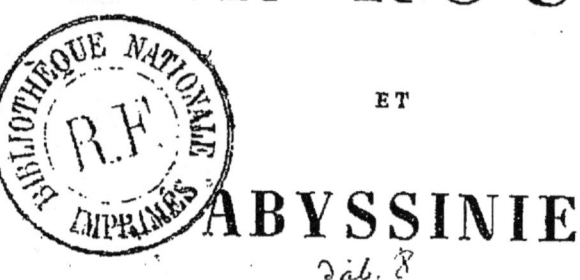

ABYSSINIE

L'auteur et les éditeurs déclarent réserver leurs droits de traduction et de reproduction à l'étranger.

Ce volume a été déposé au ministère de l'intérieur (section de la librairie) en mai 1880.

PARIS. TYPOGRAPHIE DE E. PLON ET Cie, RUE GARANCIÈRE, 8.

DENIS DE RIVOYRE

MER ROUGE
ET
ABYSSINIE

PARIS

E. PLON ET Cⁱᵉ, IMPRIMEURS-ÉDITEURS

RUE GARANCIÈRE, 10

1880

Tous droits réservés

MER ROUGE ET ABYSSINIE

CHAPITRE PREMIER

Suez et le Puits de Moïse. — Les bateaux de l'*Azizié*. — Yambo. — Les Arnautes. — Le gouverneur turc. — Fanatisme de la population musulmane.

De France en Abyssinie, la voie la plus simple et la plus commode est la mer Rouge, par le canal de Suez. Mais, au risque de froisser des convictions chères à plus d'un de mes compatriotes, et qu'à mon retour j'ai eu fréquemment à combattre, je veux le déclarer tout d'abord, Suez, dont le nom, pour tant de gens, ne rappelle que l'œuvre illustre de M. de Lesseps, Suez, dis-je, n'est pas sur la Méditerranée. C'est un port de la mer Rouge.

A l'époque où j'y passai pour la première fois, c'était encore la tête de ligne de tous les paquebots de l'extrême Orient ou des Indes. Aujourd'hui, plus rien de ce mouvement, rien que le sillage silencieux des navires qui ne s'y arrêtent plus ! Et on le conçoit... La nature a peu fait pour Suez... Du sable, et encore du sable, et toujours du sable, voilà le paysage aux alentours. Pas un atome de végétation. Dans le lointain, à droite et à gauche, des montagnes pelées. Avant le percement du canal, l'eau potable y était apportée du Caire à dos de chameau d'abord, plus tard par le chemin de fer.

Le seul point verdoyant à l'horizon est de l'autre côté du bras de mer sur lequel il est bâti. C'est une oasis, qui s'appelle le Puits de Moïse.

Malgré ce nom, rien de commun, cependant, avec le mont Horeb d'où la verge du prophète fit jaillir la source qui désaltéra les Hébreux. Non ! ce n'est qu'un puits, en effet, ou plutôt plusieurs puits creusés au-dessus d'une même nappe d'eau saumâtre, dont la fraîcheur bienfaisante donne la vie à une frêle forêt de palmiers sous lesquels, bien entendu, s'abritent un certain nombre de cabarets indigènes, mais dont la saveur amère ne sert qu'à rendre le voyageur plus indulgent pour la qualité du bordeaux qui lui est offert en même temps, et plus facile sur le prix insensé qu'on lui en demande. Dans le feuillage des arbres on entend voltiger et gazouiller tout un peuple de charmants petits oiseaux que chasse de bien loin l'aridité environnante. Cela repose ; cela fait du bien.

Pour atteindre cette oasis, on franchit d'ordinaire dans une embarcation la lagune qui la sépare de la ville. Cette navigation, par un beau temps, réclame deux ou trois heures.

En nous y rendant, nous fûmes frappés d'un phénomène auquel, sans doute, dans l'antiquité, la mer Rouge dut son nom. Nous glissions tout doucement sur des flots bleus et tranquilles, lorsque, tout à coup, sans transition, sans cause extérieure apparente, la couleur de l'eau se modifie, l'azur disparaît, et, aussi loin que notre regard peut s'étendre, tout autour de nous, nous découvrons une surface rouge, clapotante, comme des vagues de sang, d'un sang clair et léger, avec des reflets métalliques qui frémissent aux rayons du soleil. Par quelle combinaison instantanée d'effets de lumière mariés peut-être à des milliards d'animalcules surgis soudainement de la profondeur des flots, ce prodige s'est-il opéré? Voilà ce que nul ne peut dire, ce que personne n'explique.

Pendant une demi-heure, trois quarts d'heure, nous poursuivons notre course sur cette mer incandescente; puis brusquement les feux s'éteignent, la teinte rouge s'efface, et nous nous retrouvons sur les mêmes ondes bleues que nos avirons battaient tout à l'heure... Et quelques instants après, voilà la transformation qui se répète; voilà, de nouveau, les flots rouges, la mer en ignition. Mais cette fois la durée du phénomène est moins longue... Cinq minutes au plus.

Un Français qui était avec nous, dans notre embarcation, contemplait stupéfait ce spectacle. Depuis vingt ans qu'il habitait les bords de la mer Rouge c'était, nous dit-il, la première fois qu'il en était témoin.

Rien de plus rare, en effet, que ce coup d'œil, et après en avoir pu jouir à deux reprises en une seule matinée, je ne le revis jamais durant le long séjour qui me retint ensuite dans ces parages, et dont Suez n'était que la première étape.

Le trajet de Suez à Massaouah était loin d'offrir toutes les commodités désirables. D'abord, il fallait prendre passage à bord d'un paquebot de l'*Azizié*, — aujourd'hui la Khédivié, — compagnie vice-royale dont les bateaux effectuaient un service à peu près régulier sur la côte de l'Arabie, et qui pouvaient ainsi me mener jusqu'à Djeddah. Mais, une fois là, plus rien de certain. Parfois on trouvait quelque barque arabe se rendant à Massaouah et sur laquelle il était possible de se glisser; parfois aussi on n'en trouvait point, et alors, autant de jours de loisir à savourer à Djeddah !

En voyage, il est vrai, surtout pour un voyage comme celui-là, il n'y faut pas regarder de si près. Je retins ma place au bureau de l'*Azizié*, et je m'embarquai... Je dis : *je m'embarquai*, et non : *je partis;* car l'Orient est la patrie de l'inexactitude comme il est aussi le pays de l'immobilité. Rien n'y change, et, pour l'Oriental, le temps, ni le progrès, n'existent point; les années ou les siècles marchent du même pas; et qu'importe, alors, un jour de plus ou de moins? Nous devions quitter Suez le mercredi à trois heures. Nous ne levâmes l'ancre que le lendemain à la tombée de la nuit.

Cette première nuit, je la passai roulé dans mon manteau sur le pont. Mal couché, c'est vrai, mais quelle splendeur ! Quel enivrement ! Le ciel toujours bleu, même au milieu des ténèbres; ces millions d'étoiles jetant leurs reflets d'or sur le miroir assombri des flots ! Cette tiède atmosphère tout embaumée de je ne sais quels vagues parfums innomés dont la volupté vous pénètre ! Oh ! les nuits de l'Orient ! Comment les oublier, après les avoir savourées une fois ?

Le lendemain matin, je reconnus que je n'étais pas le seul Européen à bord. Cinq jeunes gens, de conditions diverses, mais réunis par une pensée de spéculation commune, se rendaient aussi à Massaouah.

Ils allaient à la recherche d'une mine de charbon, connue, soi-disant, de l'un d'eux. Le rapprochement s'opéra vite, et il fut convenu qu'à Djeddah nous nous procurerions, pour le restant de la traversée, notre barque à frais communs.

Au lever du soleil, nous avions salué Thor, le dernier port égyptien sur la côte d'Asie. La terre s'éloignait, et le Sinaï s'effaçait peu à peu dans le lointain. Nous voguions vers Yambo.

D'après le dire de notre capitaine, nous devions y arriver le lendemain ; un peu plus tôt, un peu plus tard, il ne savait pas au juste. A la rigueur, ce pouvait bien n'être que le surlendemain. Toujours est-il que, tout entier aux devoirs de sa profession, c'est à peine s'il détachait, de temps à autre, son regard de la mer ou du ciel ; et le navire, si savamment gouverné, filait vaillamment ses quatre nœuds à quatre nœuds et demi à l'heure, pendant que, çà et là, qui sur un banc, qui dessous, chacun se livrait à l'occupation fatigante d'une sieste aussi prolongée que possible.

A midi, midi un quart, — rien de bien fixe, naturellement, comme pour le reste, — on faisait le point. Grave affaire ! Un officier, son sextant à la main, apparaissait sur le pont. Les autres se groupaient autour de lui; puis on interrogeait le soleil : on le regardait les yeux à demi fermés et la main en abat-jour au-dessus du front; on tournait et on retournait l'instrument; on allait même, quelquefois, jusqu'à l'essuyer du revers de la manche; on en frottait tant soit peu les verres. Ensuite, on discutait ; chacun donnait son avis; puis, finalement, on allait demander au timonier européen debout à la barre, où se trouvait le bâtiment... Et voilà ce qui s'appelait *faire le point*.

Par une excellente mesure, en effet, le khédive, qui connaissait son monde et savait le juger, décernait bien le commandement nominal de ses vaisseaux à des officiers indigènes, bons et fidèles croyants, fervents disciples de Mahomet, mais il avait le soin d'imposer à tout rôle d'embarquement quatre timoniers européens, des Italiens d'ordinaire, et ne confiait le maniement exclusif de la machine qu'à des mécaniciens anglais. C'était, en réalité, ce personnel qui conduisait le navire, et sans cette précaution je doute que jamais des Européens se fussent risqués à confier leurs marchandises ou leurs personnes à la Compagnie des bateaux de l'*Azizié*.

Allah aidant, nous arrivâmes ainsi, sans plus d'émotion et avec une dizaine d'heures de retard seulement, à Yambo.

L'explique qui voudra! A mesure que nous en approchions, l'aspect de ce petit port tout ensoleillé, de ces murailles à demi effondrées, des pittoresques haillons de ces soldats accroupis devant leur corps de garde, de cette foule bigarrée, de cette mer aux ondes bleues et calmes baignant ce coin de rivage brûlé, de ces barques de pêcheurs tirées sur le sable, de ce ciel d'azur et de feu, de cette page, en un mot, du vieil Orient vivante et palpitante sous mes yeux; tout cela, dis-je, me frappa comme une réminiscence. Je l'avais déjà vu, je l'avais déjà vécu... où? En rêve?... Dans une autre vie?... Mystère où se perdent toutes les interrogations humaines!...

Yambo est le port d'une des trois villes saintes

de l'Arabie, de Médine où naquit le Prophète. A ce titre, son sol sacré est sévèrement interdit au contact impur du pied de tout infidèle.

Lorsque nous mouillâmes, il ne devait pas être question pour nous, bien entendu, de descendre à terre. Raison de plus pour que ce désir devînt irrésistible. Aux premiers mots que nous en touchâmes au capitaine, celui-ci ne fut pas éloigné de nous considérer comme des fous. Lui-même osait à peine quitter son bâtiment. Mais nous insistâmes.

Durant toute l'après-midi, les négociations continuèrent. On s'adressa au gouverneur de la ville dès qu'il vint nous voir. C'était un Turc, officier d'artillerie, très-brave homme, du reste, qui considérait son séjour à Yambo, où il se sentait aussi menacé que nous-mêmes, comme un exil, et qui finalement se mit à notre disposition. Mais que de précautions!

Au préalable, nous dûmes donner, par écrit, au capitaine, une décharge en règle de nos précieuses personnes, attestant que c'était sur notre volonté formelle qu'il nous avait débarqués, afin qu'en cas de malheur, il pût se justifier auprès de son gouvernement. Puis une escorte devait, le lendemain, venir nous chercher pour nous faire traverser la ville et nous mener à la citadelle.

Enfin, tout bien convenu, tout réglé, nous invitâmes le gouverneur et sa suite à dîner; et pour me créer tout de suite des intelligences particulières dans la place, je fis asseoir à mes côtés un grand diable d'irrégulier arnaute qui s'était, je ne sais comment, faufilé à bord, et dont l'air féroce m'inspirait un instinctif intérêt. Ces Arnautes constituent une milice à part qui se recrute en Roumélie, parmi les Albanais musulmans. Race avide, pillarde et turbulente, la Porte n'a trouvé que ce moyen de la contenir, en enrôlant les plus remuants des siens pour les disséminer, soi-disant en qualité de gendarmes, dans ses plus lointaines possessions. Vous voyez d'ici tous ces loups érigés en bergers! Les populations en redoutent la présence à l'égal des atteintes d'un fléau. Aussi les réunit-on rarement en groupes de plus de cinq ou six par résidence.

Quel arsenal à lui tout seul, que ce soldat! Une ceinture épaisse en cuir dur recouvert de métal lui ceignait les reins et lui montait jusqu'au milieu de la poitrine. Devant, par côté, derrière, il s'en échappait tout un poëme de crosses de pistolet et de manches de poignard;

d'énormes moustaches lui tombaient sur les deux épaules ; un nez d'oiseau de proie ; des yeux comme en auraient envié les bandits de Callot, et une bouche... ah! quelle bouche! En dépit des préceptes du Coran, les verres d'absinthe et de cognac s'y engouffraient avec une rapidité à donner le vertige... Par là-dessus, un fez sale, une veste sale, une fustanelle sale, et des jambes... pas propres... Voilà l'homme...

Cinq minutes après, nous étions amis intimes ; et pour me prouver son affection, tantôt il me serrait avec effusion dans ses bras, tantôt il prenait délicatement dans le plat, du bout des doigts, quelque gros morceau qu'il pétrissait amoureusement des deux mains en forme de boulette avec de la mie de pain ; puis, une fois le tout dûment confectionné, il me l'enfonçait lui-même, en souriant gracieusement, dans le gosier. Refuser eût été le comble de l'impolitesse. Je me résignais et mangeais mes boulettes. Mais on ne m'a plus repris, depuis, à faire des avances aux Arnautes.

Le lendemain, à l'heure indiquée, un peloton de vingt-quatre artilleurs, toute la garnison régulière, je crois, venait nous prendre. Les braves guerriers paraissaient beaucoup moins rassurés que nous. Nous avions promis de nous rendre directement à la citadelle, où est également le logis du gouverneur, et, cette visite terminée, de revenir, sans tenter d'aller plus loin. Au lieu de nous faire traverser la ville, ce que nous avions espéré, on nous conduisit par un chemin extérieur, longeant les murs. Il était de bonne heure; à peine avions-nous aperçu çà et là quelques habitants, lorsque nous franchîmes une porte; nous nous trouvions en face d'une vaste cour tout entourée de murs. Deux ou trois masures dans le fond. C'était la citadelle.

Le commandant vint au-devant de nous d'un air affable. Du café et du *cherbet* nous furent aussitôt servis. Puis il se mit à nous conter ses douleurs et à nous faire un tableau navrant de la triste existence à laquelle sa dignité le condamnait. Prisonnier, pour ainsi dire, entre ces murailles, à peine s'il osait parfois, au milieu de ses soldats, se risquer à quelques centaines de mètres de la ville. Les Arabes, s'il est possible, exècrent encore plus les Turcs qui veulent s'intituler leurs maîtres, que les chrétiens, contre lesquels ils ont au moins franchement le droit d'afficher leur haine et leur mépris. Et partout, sur le littoral de l'Arabie, pour les fonctionnaires de la Porte, il en était de même...

Pendant le cours de ces doléances, j'examinais les lieux : une particularité m'attira. C'était, au milieu de la cour, une rangée de pièces d'artillerie sans affût, de toutes les longueurs, de tous les calibres et de toutes les époques, à demi enfouies dans le sable. Je m'en approchai; il y en avait bien une vingtaine. L'une d'elles, dépouille probable de quelque galère vénitienne, portait, avec les armes de Venise, le millésime d'une des premières années de l'invention de l'artillerie. Il est bien peu de ports ottomans, du reste, où je n'aie rencontré de ces types respectables, immobiles vestiges d'une gloire disparue et de luttes oubliées. J'ai vu sur ces vieux bronzes, rongés de rouille, dormir du même sommeil, côte à côte, et le lion de Saint-Marc, et les fleurs de lis, et la tiare pontificale. Le soleil de Louis XIV mariait ses rayons éteints avec le monogramme de Bajazet ou la croix des chevaliers de Rhodes.

Lorsque nous eûmes bien savouré le café, excellent, ma foi ! de notre très-digne hôte, et visité tous les recoins de sa demeure officielle, on songea au retour. Nos canonniers étaient toujours là, mais cette fois, pour rien au monde, nous ne voulûmes consentir à reprendre le même chemin. Nous tenions à parcourir la ville, et bon gré, mal gré, tout en entrecoupant ses observations de gros soupirs, le gouverneur dut céder.

Il nous accompagna. Nous marchions entre les deux haies de notre escorte, comme des malfaiteurs qu'on mène en prison ; et tout droit, nous exigeâmes qu'on nous conduisît au bazar, l'endroit le plus populeux, où, à cette heure encore fraîche de la matinée, la foule devait être nombreuse.

En effet, à notre vue, ce fut comme une stupeur générale. Les gens s'arrêtaient frappés de surprise. On nous regardait, on chuchotait. A nous, le gouverneur nous recommandait, au contraire, de marcher, sans stationner, sans nous retourner. Nous sentions vaguement qu'il avait raison. D'ailleurs, rien de curieux à voir : de misérables cabanes, alignées les unes à côté des autres, leurs auvents garnis de légumes et de fruits, de galettes de froment, de quelques étoffes communes et de menus objets de quincaillerie, de fabrication européenne, voilà tout. Le spectacle était dans la rue : les citadins, vêtus de leur longue chemise bleue ou blanche pour tout costume, les Arabes de la campagne avec leur burnous en poil de chameau jeté sur les épaules, des femmes voilées se traînant de boutique en boutique, les enfants demi-nus, les marchands d'eau circulant au travers, et tout cela grouillant dans une atmosphère poussiéreuse et chargée de toutes les odeurs d'un marché mal tenu...

Mais ce bruit, ce mouvement, avaient fini par se suspendre peu à peu derrière nous. Des groupes se formaient. Quelques cris frappaient déjà nos oreilles. Ce n'étaient plus seulement des regards hostiles... Tout à coup, une clameur s'élève :

« A mort les chrétiens ! à mort les chiens ! »

Par bonheur, nous n'étions plus qu'à quelques pas de l'endroit où nous attendait le canot du bord. Nous pressâmes le pas. La foule devenait plus compacte et plus menaçante. Nous passâmes à côté de nos amis de la veille, de mon Arnaute, entre autres, qui, indolemment assis, nous regardaient sans avoir l'air de nous reconnaître, et enfin nous atteignîmes le bateau et y sautâmes aussitôt. Puis les avirons se mirent en branle, et nous nous éloignâmes... Il était temps !...

CHAPITRE II

Djeddah. — Ses édifices. — Les derviches hurleurs. — Nos consuls en Orient. — L'autorité turque en Arabie. — Le grand chérif de la Mecque. — Le tombeau d'Ève.

Deux jours après, nous étions à Djeddah.

— Djeddah est le Paris de la mer Rouge, me disait un Italien, le seul Européen qui y résidât pour ses affaires.

C'est, en effet, une grande ville, d'un aspect séduisant, lorsqu'on y met le pied. Découpés dans ce style si gracieux et si léger de l'architecture arabe, les toits en festons de toutes ces maisons uniformément blanches se profilant sur le bleu du ciel, lui donnent l'apparence d'une masse élégante de kiosques d'un autre âge, groupés par la fantaisie somptueuse de quelque royal caprice.

Mais tenez-vous-en à cette admiration extérieure. Gardez-vous d'y pénétrer. Dans ces corridors obscurs, sous ces escaliers tortueux et gluants, semblent s'être donné rendez-vous, non pas tous les parfums de l'Arabie, comme on serait en droit de s'y attendre, mais les émanations fétides de toutes les sentines de l'univers... Et dans ce poétique Orient, où la vie paraît si douce à s'écouler dehors, il en est à peu près de même pour tous les abris dus à l'industrie humaine. Celle-ci se repose sur les soins du grand ouvrier qui a si bien fait tout ce qui l'entoure, pour corriger ce que son indolence laisse d'incomplet.

Djeddah se présentait à nous avec le souvenir du massacre de notre consul et du consul anglais, quelques années auparavant. On se rappelle ce tragique épisode. Des bandes fanatiques, surexcitées par la folie religieuse, avaient un jour, tout à coup, envahi la demeure de M. Eveillard et de son collègue, et les avaient égorgés ainsi que la femme du premier, pendant que sa fille et son chancelier, échappés par miracle, trouvaient un refuge dans une maison voisine.

Bien entendu, nous allâmes faire un pèlerinage pieux aux lieux témoins de ce meurtre. Rien qui en conservât particulièrement la trace... La maison avait cessé d'être le consulat français. On nous montra les marches de l'escalier sur lesquelles avait été traîné le corps de madame Eveillard, et la porte à l'entrée de laquelle mademoiselle Eveillard se défendit si vaillamment contre le couteau des assassins.

La place où quelques-uns des meurtriers, deux seulement, expièrent leur crime, nous fut également indiquée. A la sortie du port, elle était bordée, sur un côté, de cafés au dehors desquels, dès que la température le permettait, s'installait aussitôt une foule de joueurs d'échecs qui procédaient gravement, silencieusement, à leur passe-temps favori. Pas de chants à l'intérieur; pas de musique comme ailleurs. Sur cette terre qui est restée son absolu patrimoine, l'Islam ne tolère pas de ces distractions frivoles, et impose à ses sectateurs une gravité de maintien appropriée à la sainteté des lieux où ils ont le bonheur de vivre.

En face s'élevait la grande mosquée. Les condamnés purent, du moins, contempler une dernière fois cet édifice révéré avant d'être lancés dans l'éternité. Mais, comme toujours, ceux-là n'étaient, pour ainsi dire, que des agents secondaires. Les principaux coupables, le pacha turc entre autres, gouverneur de la ville, qui avait tout laissé faire, s'il n'avait tout préparé, jouissait quelque part, dans un exil nominal, de la vénération et de la compassion des vrais croyants, tout indignés qu'on pût faire tant de bruit pour la mort de quelques chrétiens.

Cette mosquée, située à l'endroit le plus fréquenté, à l'entrée du bazar, avait servi de centre aux conspirateurs. C'était un des lieux fameux et respectés de la terre de l'Islam. Les derviches hurleurs y tenaient leurs séances, et chaque soir, au coucher du soleil, on était, aux environs, assourdi des hurlements qu'ils poussent en l'honneur de la Divinité.

Réunis en cercle, ces malheureux, debout, commencent par murmurer doucement le nom d'Allah, en se balançant en cadence, de l'avant en arrière, sur un rhythme monotone et lent; puis, peu à peu, le mouvement s'accélère, le mot d'Allah se reproduit plus précipité sur leurs lèvres; les bras pendants s'agitent comme autant de doubles balanciers qui marquent la mesure. La rapidité des oscillations augmente encore; elle augmente toujours; les syllabes d'Allah s'effacent dans une sorte de râle confus et saccadé; les turbans se détachent; les cheveux, qu'ils portent longs comme les femmes, se dénouent; tout l'être en extase frémit; l'œil est hagard, la respiration haletante; la sueur ruisselle sur les fronts; le mouvement, toujours régulier et en mesure, devient vertigineux; la bouche grande ouverte ne laisse plus passer que des cris rauques où aucun son ne se distingue. C'est du délire, de la furie! c'est horrible, hideux!

Et dans ces moments-là, qu'un de ces fous crie : « Mort aux chrétiens! » et tous les autres suivront, se précipiteront, pour offrir à leur foi autant de victimes qu'il s'en présentera sous leurs coups.

Le fanatisme, ici, n'est pas moindre qu'à Yambo. Seulement, il a dû céder devant certaines considérations d'un autre ordre qu'appuyaient de solides bâtiments de guerre, bien pourvus de canons. La France et l'Angleterre y établirent des consulats. Dispositions nécessaires, en raison des musulmans de l'Inde et de l'Algérie qui prennent part au pèlerinage annuel de la Mecque. Ces fonctions, aujourd'hui, sont remplies par des médecins sanitaires; et leur principale mission consiste à préserver l'Europe de la peste ou du choléra, dont cette immense agglomération de gens de toute origine, soumis à toutes les influences morbides, rend le danger permanent pour les lieux qu'ils traversent au retour.

Lors de notre passage à Djeddah, ce poste n'était encore occupé que par un agent purement consulaire. Nous en fûmes parfaitement accueillis, et je me hâte de le constater, car, en Orient, la bienveillance et l'affabilité de nos consuls envers leurs compatriotes sont loin d'être les premières vertus dont ils se piquent, pour la plupart. Bienheureux est-on lorsqu'au lieu de l'appui sur lequel il devrait être permis de compter, on ne rencontre pas chez quelques-uns de ces messieurs une hostilité sourde et de mauvais procédés. Pour eux, le Français, généralement peu fortuné, qui s'exile pour gagner péniblement sa vie sur une terre étrangère est un SUJET; — c'est là le terme officiel auquel ils sont trop disposés souvent à donner vis-à-vis de leur propre autorité une interprétation arbitraire.

Quant à celui qu'amène le plaisir d'un voyage ou le hasard des affaires, s'il est chaudement recommandé du ministère des affaires étrangères, il peut espérer, quelquefois, ne pas se voir trop mal reçu. Mais ce n'est jamais qu'un fâcheux, dont le départ sera salué avec satisfaction, et, jusque-là, à peu près les seules paroles qu'il recueille de la bouche de son consul sont autant de plaintes et de récriminations contre ceux de ses compatriotes que leur malechance oblige à résider sur les lieux.

Dans le cours de mes nombreux voyages, j'ai

été péniblement frappé de cette tendance peu patriotique. Je l'ai retrouvée à peu près partout, à part quelques trop rares, mais honorables exceptions. Soucieux, avant tout, d'édifier leur fortune politique sur les rapports plus ou moins fidèles, mais écrits dans la note du jour, qu'ils expédient périodiquement à Paris, nos agents consulaires, en majorité, ne se préoccupent souvent que d'une façon sommaire des intérêts de leurs nationaux, et se montrent trop aisément enclins à les frapper en bloc d'un anathème rédigé d'avance sur un modèle uniforme.

En dehors de ce que cette attitude revêt de vexatoire à l'égard de ceux qu'elle atteint, il est, en outre, des questions d'un ordre plus élevé et plus général qui ont singulièrement à en souffrir. Je me rappelle, entre autres, que, me trouvant dans les bureaux du consulat de France à Galatz, en Roumanie, je fus témoin de la scène suivante :

Deux capitaines de navires marchands, venus dans le Danube pour charger des grains, avaient je ne sais quelle contestation avec le gouvernement local. Naturellement, ils avaient dû saisir le consul de France de ces difficultés, et si celui-ci s'était occupé de les aplanir, il n'avait, paraît-il, guère réussi dans son intervention; car c'était la troisième fois que nos marins venaient à la chancellerie pour leur affaire.

Ils l'expliquaient sur tous les tons, la tournaient et la retournaient sous toutes ses faces, et le fonctionnaire auquel ils s'adressaient ne semblait guère disposé à les comprendre ou à leur donner raison. Mais nos hommes ne se lassaient point, et à la fin, celui-ci, à bout d'arguments, ne trouve rien de mieux que de s'écrier :

« Ah çà ! que diable, aussi, venez-vous faire par ici ? »

Et voilà les encouragements donnés à la marine marchande !...

La cordialité de celui de Djeddah, au contraire, je tiens à le répéter, ne laissait rien à désirer. Il nous fournit des *cawas* pour nous servir de guides et d'escorte dans la ville. Sous cette sauvegarde, nous pûmes aller, venir partout, sans être inquiétés. Nous parcourûmes les rues, le bazar, où se pressait le matin et le soir une foule bruyante et animée...

C'est décidément une belle ville, pittoresque et attrayante, comme le sont les grandes cités de l'Orient. Une enceinte de murailles protége contre les Arabes du dehors les régiments turcs qui y tiennent garnison. Car c'est la capitale du vilayet d'Arabie, le vilayet des villes saintes, le premier de tout l'empire pour cette raison. Seulement, là aussi, le gouverneur ne peut pas s'aventurer hors de son chef-lieu, sans un cortége imposant de cavalerie, d'infanterie et d'artillerie.

Malgré la suzeraineté que le sultan de Constantinople s'attribue sur l'Arabie, il n'est pas, en effet, dans tous ses États, de point où elle soit moins reconnue, et ses fonctionnaires moins respectés. Si la grande caravane qui, chaque année, porte au tombeau du Prophète les présents impériaux traditionnels, et entraîne à sa suite la foule pieuse des pèlerins, peut en sécurité se hasarder au cœur de la contrée, et atteindre sans encombre les murs sacrés de la Mecque, c'est grâce au tribut que perçoivent régulièrement, du trésor de la Porte, les pillards arabes dont la cupidité, ainsi rassasiée à l'avance, se change alors en surveillance jalouse pour sauvegarder le gage précieux remis entre leurs mains.

Au milieu des âpres solitudes du désert, cet argent est convoité, accueilli par eux comme la manne dont se nourrirent leurs pères, et les amène, sans trop de résistance, à souffrir que les Turcs s'intitulent leurs maîtres, mais des maîtres à la façon de cet Européen prisonnier des sauvages et bientôt proclamé roi par eux, sans pouvoir renoncer à sa couronne, ou même s'écarter de quelques pas sous peine d'être mangé.

Le souverain effectif de l'Arabie, — de l'Hedjaz, veux-je dire, la partie qui avoisine la Ville sainte, car dans le cœur de la région existent plusieurs royaumes indépendants, dont, depuis Pelgrave, celui des Wahabites est le plus connu, comme il en est le plus important, — n'est autre que le grand chérif de la Mecque. Descendant authentique de Mahomet et héritier de son autorité spirituelle, ce double titre consacre son influence auprès de ses compatriotes et l'érige en arbitre suprême. Pensionné par le sultan et vivant au sein des pompes d'une cour fanatique et guerrière, sous les ombrages de Taïf, il n'a qu'à faire un signe pour que vingt mille cavaliers se rangent aussitôt sous son étendard vénéré. Ce n'est donc pas plus chose facile de signifier à un tel personnage des ordres impératifs que d'en assurer l'exécution.

Or, il y a une vingtaine d'années, la Porte, effrayée des développements formidables de la puissance de l'un d'eux, manda, sans plus de détours, au pacha de Djeddah, qu'il eût à s'emparer secrètement de sa personne et à l'expédier à Stamboul. Les instructions étaient précises. Que faire?

Le redoutable message avait été apporté par un bâtiment à vapeur de la marine égyptienne qui était encore là, balançant et dessinant ses formes élégantes sur les flots de la rade. Pareil spectacle ne s'offrait pas souvent à l'admiration des riverains de la mer Rouge. Le bruit de l'apparition de cette merveille s'était répandu au loin, et comme un autre, le chérif en avait entendu parler. Ce fut l'ancre de salut. Une idée de génie traversa le cerveau du pauvre pacha.

A l'occasion de l'événement il organisa une fête. Le premier, le grand chérif y est invité, et le voilà qui accourt à Djeddah. A bord, un splendide festin est préparé en son honneur. Il s'y rend au milieu des salves d'artillerie. Mais à peine l'illustre convive, entouré jusque-là d'égards et d'hommages, a-t-il posé le pied sur le pont du navire, qu'il est saisi et enfermé. Puis, sans plus attendre, on appareille, — la machine chauffait, — et dix minutes après on est en route pour le Bosphore. Pendant ce temps-là le peuple, qui croit à une promenade en mer, du rivage bat des mains et suit le vapeur de ses acclamations...

Lorsque la vérité fut connue, il était déjà trop

tard. Un de ces ambitieux de la même race, comme il s'en trouve toujours dans les familles princières musulmanes, gagné depuis longtemps, et tout prêt, s'était hâté aussitôt de pénétrer dans Taïf et de s'y installer avec ses partisans. Pris à l'improviste, et déconcertés par l'absence de leur chef, ceux du prince légitime, après quelques velléités de résistance, se résignèrent et acceptèrent l'usurpateur. Mais l'aventure ne contribua guère, on le conçoit, à resserrer les liens de bon rapport entre l'Hedjaz et l'Empire, et plus que jamais le gouverneur de Djeddah n'eut garde de s'éloigner beaucoup des canons de sa résidence.

Celui du moment, au dire de notre consul, était assez bon prince. Sur le désir que j'exprimai de faire quelques pas hors de la ville, il m'octroya deux soldats, mais avec la promesse formelle de ne pas m'écarter de plus de quatre à cinq cents pas des murs.

Une fois dehors, cet engagement me parut facile à tenir. Aussi loin que l'œil pouvait s'étendre, jusqu'à une ligne de montagnes dont les cimes, dans le lointain, dentelaient confusément l'horizon, tout autour de moi, une immense plaine de sable, sans autre point de vue, pour en interrompre la monotonie, qu'une longue file de chameaux chargés d'outres pleines d'eau qu'ils portaient à la ville.

C'est à une distance de trois à quatre lieues environ qu'il faut l'aller puiser. Celle que fourniraient des puits creusés plus près de la plage est saumâtre et nauséabonde. Encore le trajet laisse-t-il au contenu des outres un goût de cuir insupportable au palais, et ce n'est qu'après un assez long usage qu'on finit par s'y habituer.

Du côté nord, sur le chemin de la Mecque, mais presque attenant à Djeddah, est une allée d'une soixantaine de mètres, entre deux murs de pisé blanc, comme un long couloir, précédé d'une espèce de loge de portier par où l'on entre, coupé au milieu par une sorte de rond-point, et aboutissant à un sanctuaire où brûle constamment une lampe allumée sur un soi-disant mausolée. Cela s'appelle le tombeau d'Ève.

Pourquoi? Nul ne peut répondre. Les pieds de la mère du genre humain sont à l'entrée, le cœur au milieu, et la tête sous le monument. On voit que la tradition musulmane n'y va pas de main morte, et qu'elle lui attribue généreusement une taille dont seraient sans doute bien embarrassées ses filles d'aujourd'hui.

CHAPITRE III

Navigation en *sambouck*. — Le marchand de Riad. — Le gouverneur de Gonfoudah. — Mes ordonnances médicales. — Tempête. — Calme plat. — Arrivée à Massaouah.

Mais nous n'avions pas à nous endormir dans les délices du Paris de la mer Rouge. Il fallait aviser aux moyens de le quitter. Par l'intervention de l'agent consulaire, nous fîmes prix avec le *reïs* — ou patron — d'une barque arabe qui se rendait à Massaouah et qui consentit à nous prendre, pour une somme relativement modérée. Ces barques, appelées *samboucks* dans l'idiome local, peuvent donner une idée exacte des nefs de saint Louis et de ses croisés, telles que nous les dépeignent les historiens du temps.

L'arrière, un peu surélevé, est ponté jusqu'au tiers du bâtiment à peu près, et se réserve aux passagers de distinction. Si la mer n'est pas trop mauvaise, la saison trop pluvieuse, ou la chaleur trop étouffante, trois ou quatre personnes peuvent s'y ménager un abri à peu près suffisant. Le reste, sans pont, est le domaine de l'équipage. Deux ou trois mâts, suivant la grandeur de l'esquif, supportent des voiles carrées, maniées, d'ailleurs, avec une extrême habileté par les matelots indigènes. En prévision d'un calme subit, toujours à craindre dans ces parages, deux rames énormes, de vrais troncs d'arbre, sont suspendues aux flancs du navire.

Avec ces barques d'une installation si sommaire, si la rapidité du voyage n'y gagne pas, la sécurité du moins est complète. Pas de meilleurs marins ni de meilleurs pilotes que ces riverains de la mer Rouge. Point de boussole, point de mécanisme compliqué avec eux; mais chaque récif, chaque mouillage leur est familier. Ils connaissent leur route, rocher par rocher. Les variations imprévues du temps n'ont point de mystères pour leur expérience, et les couleurs changeantes du ciel, comme de la mer, sont pour eux autant de pages où ils lisent la ligne de conduite qu'ils ont à suivre, ou les précautions qu'ils ont à prendre.

D'après l'estimation de notre *reïs,* nous ne devions pas mettre plus de huit jours pour atteindre Massaouah. Nous nous pourvûmes de provisions en conséquence : des dattes, du riz, du beurre, etc., etc. Quant à la viande, nous nous fiions à notre adresse pour nous en procurer. En conserver le plus chétif morceau par la température moyenne de 30 degrés dont nous jouissions, il n'y fallait pas prétendre; et en trouver sur les points où nous devions atterrir, c'était chanceux.

Les navigateurs arabes, en effet, s'éloignent le moins possible de la côte, et ne passent la nuit sous voiles que lorsqu'il est absolument impossible de faire autrement. Chaque soir, on jette l'ancre. Aussi, lorsqu'il s'agit de franchir toute la largeur de la mer Rouge, en suivent-ils les bords le plus longtemps qu'ils peuvent, jusqu'au point d'où la traversée est la plus courte. Les mouillages de chaque soir devaient donc nous permettre de fusiller à bonne portée les oiseaux aquatiques de toute sorte dont fourmille ce littoral.

C'est au large, pour commencer, que nous allons chercher notre sambouck. Les madrépores et les coraux envahissent journellement les abords du rivage, à tel point que les flots en sont chassés peu à peu, et que telle ville, encore aujourd'hui port de mer, ne tardera pas, si le même progrès s'accentue, à se trouver, comme

Aigues-Mortes chez nous, rejetée au milieu des terres. Ainsi en sera-t-il de Djeddah. Actuellement, ce n'est qu'en suivant les sinuosités dessinées par les intervalles que laissent entre eux ces divers bancs et où l'eau est plus profonde, qu'une barque d'un faible tirant peut circuler sans danger. Les bateaux à vapeur et autres navires de fort tonnage doivent mouiller à plus d'une heure de la ville.

D'après nos conventions, durant tout notre voyage, la barque devait demeurer notre propriété exclusive. Néanmoins, lorsque nous nous embarquons, nous y trouvons un individu déjà installé avec tout son attirail... C'est un cousin, un frère ou un oncle du reïs, — on ne connaît jamais le degré de parenté de ces gens-là, — qui sollicite notre indulgence en sa faveur. Il ne va, d'ailleurs, que jusqu'à Gonfoudah, la première station, soi-disant ; — première station, en effet, mais en revenant de Massaouah, à ce que nous apprenons plus tard, c'est-à-dire la dernière pour nous. Enfin, nous avions intérêt à ménager tout ce monde. Nous acceptâmes.

En ce qui me concerne, je n'eus qu'à m'applaudir de la rencontre de cet homme. C'était un marchand, c'est-à-dire, comme nous l'enseignent les contes des *Mille et une nuits,* un personnage important pour les populations indigènes, entre lesquelles il sert encore souvent d'unique trait d'union, et jouissant auprès d'elles de la considération légitime que méritent son savoir et ses relations. Il a parcouru bien des pays, vu bien des gens. Il connaît les grands comme les petits. Sa parole est écoutée avec faveur, ses conseils recueillis avec respect. Vêtu d'une sorte de cafetan brun, par-dessus une longue chemise blanche lui tombant jusqu'aux talons, la barbe grisonnante et taillée en pointe, le turban vert en sa qualité de *Hadj*, c'est-à-dire de pèlerin de la Mecque, il avait un maintien digne et impassible. A la ceinture, il portait ce chapelet dont tout bon Oriental égrène sans cesse, silencieusement accroupi, les grains entre ses doigts, non comme un instrument de prière, ainsi qu'on l'a souvent cru, mais à titre de simple passe-temps, et qui finit, à la longue, par devenir indispensable à son existence.

Je me liai avec lui. Je savais déjà assez d'arabe pour m'en tirer passablement, et flatté de l'attention que je lui prêtais, il allait de lui-même au-devant de mes questions et de ce que je voulais apprendre.

Il habitait d'ordinaire Riad, la capitale des Wahabites, mais n'était pas Wahabite lui-même.

Depuis plus de vingt ans qu'il trafiquait, son commerce lui avait créé des amitiés un peu partout, et dans chaque ville de quelque importance, en Arabie et jusqu'en Abyssinie, il possédait une maison et une femme. Ses déplacements, de cette façon, ne l'éloignaient jamais de chez lui. Son langage était sérieux et grave. Il racontait sans emphase et narrait ce qu'il savait, sans chercher à éblouir.

Naturellement, je l'interrogeai sur cette terre mystérieuse dont nous côtoyions les bords. Au delà de cette ceinture de sable, qui attristait nos regards, il y avait, me disait-il, de riches et verdoyantes contrées, habitées par des peuples puissants. Les montagnes de l'Yemen surtout étaient le siége de plus d'une principauté obéissant à des chefs indépendants. Loin d'y être la loi dominante et exclusive, la religion de l'Islam, au contraire, chez quelques-unes, y était purement nominale, et ailleurs même s'en trouvait totalement bannie. De ce nombre, entre autres, était un petit royaume juif comptant plusieurs villes populeuses, où ne vivaient que des hommes appartenant à cette race, et dont l'industrie était poussée au plus haut point. A l'appui de ses paroles, il me montrait, en effet, des bijoux d'or et d'argent, des incrustations de pierres précieuses, et autres objets de prix qui sortaient de leurs mains...

Ces récits, empreints d'un caractère de vérité indiscutable, et si loin de ce qui se raconte en Occident, enflammaient mon imagination. Comment arriver jusqu'à ces merveilleuses régions ? Rêve irréalisable. Lui-même, ajoutait mon interlocuteur, n'y avait pénétré d'abord qu'au prix des plus grands dangers, et ce n'était qu'à la longue, grâce aux exigences de son commerce et des relations qu'il lui avait ouvertes au cœur même du pays, que, peu à peu, il avait vu, non pas tomber, mais s'entr'ouvrir devant lui les barrières jalouses qui en défendent l'accès. D'autres tentatives avaient été faites ; mais toutes, jusque-là, avaient échoué, et les voyageurs qui, au retour, dépeignent ces contrées et les choses qu'ils y ont vues, souvent avec tant de détails, peuvent bien, en effet, s'en être plus ou moins rapprochés et les avoir, comme moi, entendu décrire; mais y avoir été admis eux-mêmes, jamais ! Voilà ce qu'affirmait avec énergie mon Arabe.

Les premiers jours de notre voyage s'écoulèrent sans incidents. Suivant le programme exposé par le reïs, après une petite journée de navigation paisible, nous mouillions chaque soir. Quelquefois, c'était sur un point quelconque de la côte absolument nu et désert. Nous évitions même les lieux habités. D'autres fois, lorsqu'on le pouvait, c'était au pied des postes turcs établis de distance en distance pour maintenir la suzeraineté impériale. Mais aucune de ces pauvres résidences ne mérite guère de mention, jusqu'à Gonfoudah.

Celui-ci n'est pas seulement un poste militaire, c'est aussi une petite ville commerçante, administrée par un gouverneur de cinquième ou sixième rang. Prévenu de notre arrivée, ce haut fonctionnaire envoya aussitôt un de ses soldats à bord, s'informer de ce que nous étions et, en même temps, nous engager à venir le voir dans sa forteresse. Nous nous gardâmes bien de refuser, et après avoir franchi la porte qui ouvre sur le port, nous nous trouvâmes dans l'enceinte où sont groupées à la fois les maisons des habitants et la tour dont le divan du gouverneur occupe l'étage supérieur. *Divan* est un mot général qui désigne et la résidence, et la cour de justice, et les bureaux, et tout ce qui se rapporte au siége de l'autorité.

C'était un homme encore jeune, ravi de voir des étrangers et de leur faire les honneurs de ce qu'il possédait; bien peu de chose, il est vrai!

Gonfoudah n'est pas riche, et les ressources y sont restreintes. Là, comme ailleurs, impossible, sous peine de mort, de s'écarter des murs. On nous servit du café délicieux, et pendant que nous étions à causer, la foule curieuse nous contemplait par la porte grande ouverte, puis finit peu à peu par envahir la salle.

Ces gens-là se tenaient au moins convenablement, lorsque tout à coup un grand Arabe à la peau bronzée, à peine couvert d'un lambeau d'étoffe, un long couteau dans une gaîne de cuir attaché au haut du bras, vint sans façon s'asseoir à mes côtés et me regarder sous le nez. C'était un de ces habitants du désert, celui-là, libres, farouches, qui inspirent tant de peur à leurs maîtres les Turcs, auquel le gouverneur n'osait pas plus interdire l'entrée de sa demeure que se soustraire à l'insolence de sa familiarité dédaigneuse.

En quittant l'aimable commandant, nous lui promîmes de lui envoyer une ou deux bouteilles de cognac, qu'il avait, d'ailleurs, sollicitées avec instance de notre générosité. L'occasion de s'en procurer est si rare à Gonfoudah, et l'eau finit par être un breuvage si fastidieux ! Il faut croire, du reste, que cette liqueur exerce un grand attrait sur ceux qui en sont habituellement privés; car je fus à même de constater, plus tard, que partout où j'arrivais, c'était la première demande qui m'était adressée...

Je me rappelle, entre autres, que, me trouvant en Abyssinie, je reçus un jour une lettre d'un prêtre indigène de la mission catholique, dont j'aurai à parler plus loin. Il m'écrivait, me disait-il, pour me prier de lui envoyer, si j'en avais, du vin qui lui était nécessaire au saint sacrifice de la messe et dont il était dépourvu lui-même. Puis, au bout de trois ou quatre pages, où il me parlait de mille choses, j'arrivai à la fin, et j'y découvris un *post-scriptum*, — vous savez, ce terrible *post-scriptum* où se trahissent toujours les replis les plus secrets de l'âme. — Celui-là ne contenait qu'une ligne, mais quelle éloquence dans ce peu de mots : « Si vous n'avez pas de vin, ajoutait-il, envoyez-moi donc de l'eau-de-vie ! » De l'eau-de-vie pour célébrer la messe !

Ce n'était pas pour cet usage que le kaïmakan de Gonfoudah réclamait la sienne. Il n'avait pas même pris la peine, vis-à-vis de nous, de feindre une maladie quelconque, selon la ruse habituelle de ses coreligionnaires en ivrognerie et en Islam.

Nous lui fîmes ce présent de grand cœur, et,

en reconnaissance, il nous procura un régime de bananes exquises, d'une grosseur monstrueuse, comme je n'en vis jamais depuis. Par contre, le marchand qui nous les apporta était accompagné d'un enfant chétif et souffreteux, en faveur duquel il implorait l'action bienfaisante de notre science médicale. Il n'y a pas à s'en défendre : aux yeux de ces populations, tout Européen est médecin et possède contre tous les maux des remèdes souverains. Partout où nous paraissions, nous étions assiégés de semblables prières. Impossible de refuser.

Lorsqu'on s'adressait à moi, je n'avais que deux prescriptions invariables : du sous-nitrate de bismuth ou de la magnésie anglaise calcinée. Le pour et le contre, comme on voit. Je ne sortais pas de là; l'une ou l'autre suivant le cas, au jugé!... Et le patient s'en allait toujours enchanté, convaincu de sa guérison radicale.

En quittant Gonfoudah, nous allions affronter les hasards de la pleine mer, et dans trois jours, toucher à Massaouah. La brise était favorable, notre traversée ne pouvait qu'être heureuse. La première nuit et la première journée, en effet, bercés par le flot, nous avançons doucement. La matinée de la seconde commençait de même, le ciel était pur, le soleil radieux, la mer unie comme une glace. Tout à coup nous entendons la voix du reïs qui s'écrie :

— Prenez garde ! voici l'orage !

Et avant même que nous ayons levé la tête, pris par une rafale soudaine, notre bateau tourne sur lui-même, tout est sens dessus dessous à bord, nous sommes nous-mêmes renversés ; puis, plus de secousses ! Le désordre a été l'œuvre d'une minute à peine, et voilà de nouveau le calme le plus parfait. Tout est redevenu tranquille.

C'est une trombe qui a passé sur nous à l'improviste, et dont un œil exercé comme celui de notre patron avait pu seul, quelques secondes auparavant, reconnaître l'approche. Mais, néanmoins, malgré la reprise du calme, c'est un mauvais présage. Nous aurons gros temps ce soir.

Une heure ou deux après, en effet, le vent s'élève. Les flots et les cieux s'assombrissent, l'ouragan gronde, et des vagues énormes déferlent contre notre frêle navire. Tantôt suspendus à la crête, tantôt comme engloutis au fond des gouffres qui se creusent sous lui, nous nous croyons perdus. Ce n'est pas trop des forces réunies de tout le monde pour la manœuvre.

Nous nous joignons aux matelots, qui invoquent Allah sur tous les tons. Les éclairs nous aveuglent; les rugissements du vent nous assourdissent; la violence de la tempête redouble; l'eau remplit à moitié le bateau, et nous ne distinguons bientôt plus rien, plus rien que des lames de plus en plus furieuses, et des nuages noirs sillonnés de feu. L'horizon a disparu; nous ne sommes qu'un point obscur prêt à sombrer dans l'immensité des abîmes.

Mais enfin, comme elle était venue, la tourmente s'apaise, presque sans transition. Les rafales étouffent leurs sifflements sinistres; le tonnerre se tait; les nuées se dissipent; et sur nos têtes la nuit étale ses splendeurs orientales, tandis que sous nos pieds, peu à peu, la paix se rétablit. Au lever du jour, c'est à peine si quelques sillons d'écume frangent encore çà et là la plaine liquide, pour nous rappeler le péril auquel nous venons si heureusement d'échapper.

Dans la lutte, nous avions été rejetés un peu au sud de Massaouah. Il fallait reprendre la bonne route. C'était vingt-quatre heures de retard. Qu'importe! Nous ne songions guère à réclamer, et le soir, tout en glissant mollement sur l'onde redevenue caressante, nous nous endormîmes en rêvant par avance de l'Éthiopie, de ses montagnes, de ses bois, de ses rivières, etc. Mais voilà qu'au matin nous sommes réveillés par une sensation étrange. Plus de mouvement ; la vie semble comme suspendue ; l'esquif ne marche plus.

En effet, rien ne bouge ; à la tempête de la veille a succédé un de ces calmes plats tels qu'on en voit sous les tropiques. Pas un souffle d'air. Les voiles pendent inertes le long des vergues ; et pour comble de malheur, le soleil, qui surgit tout à coup des flots, et sans crépuscule, nous fait brusquement passer des ténèbres à la lumière, nous montre dans une brume éloignée le profil des cimes éthiopiennes. C'est la terre de Chanaan sous les yeux de Moïse. Le voilà ce rivage tant convoité, qui nous est interdit. Vainement l'équipage a-t-il recours aux avirons. C'est à peine si, dans la soirée, nous gagnons deux ou trois cents mètres ; le calme continue.

Il continua ainsi huit jours, huit jours d'éternité durant lesquels, sous nos regards, se développait, comme le supplice de Tantale, la côte africaine de plus en plus distincte, mais dont tous nos efforts parvenaient à peine à nous rapprocher de quelques centaines de brasses.

Chaque soir, nous lancions sur l'eau, contre les flancs de notre bateau, quelques petits morceaux de papier, nous flattant qu'à notre réveil ils auraient été entraînés par quelque courant ou quelque brise inopinée ; et chaque matin, nous les retrouvions dans une désespérante immobilité, à l'endroit même où nous les avions jetés. C'était à se manger les poings, d'autant plus que nos provisions, calculées pour un délai moins prolongé, s'épuisaient visiblement. Pendant chacun des quatre derniers jours, nous en fûmes réduits, pour tout ordinaire, à deux boulettes de riz pétries avec des oignons. Un peu plus c'était la famine. Vainement, alléchés par les myriades de poissons qui frétillaient autour de nous, essayâmes-nous d'en pêcher ; c'était, du même coup, tromper les impatiences de nos loisirs forcés ; mais le guignon s'en mêlait. Il n'y eut qu'un énorme requin qui vint se faire prendre bêtement à l'appât grossier qu'on lui tendait au bout de la dent affilée d'une ancre.

Ces animaux pullulent dans ces parages, où la faune marine leur réserve de si plantureux festins. A chaque instant, on voyait s'élever des bancs de poissons volants qui, poursuivis par quelqu'un de ces monstres, franchissaient ainsi un espace de cinquante ou soixante mètres, dont la distance faisait perdre leur piste à leur ennemi. Dans l'obscurité, nous suivions ces ébats et ces poursuites à la clarté des vagues phosphorescentes. Nulle mer ne l'est plus que la mer Rouge, et parfois, c'était, à perte de vue, comme une illumination tremblotante d'étincelles innombrables. Un coup de rame dans l'eau en faisait jaillir des gerbes éblouissantes.

À la fin, notre supplice cessa, et la huitième nuit, à notre joie folle, nous sentîmes tout à coup un souffle rafraîchissant passer sur nos fronts. C'était la brise. Quelques heures après, nous entrions à pleines voiles dans le port de Massaouah.

CHAPITRE IV

Aspect de Massaouah. — Son importance commerciale. — Les Banians. — Les porteuses d'eau. — Le Nahib d'Arkiko et ses soldats. — Son hospitalité. — Son attachement à la France. — Mes préparatifs de départ pour l'intérieur.

Ce qui, de loin, frappe tout de suite l'œil du navigateur, lorsqu'il approche de Massaouah, c'est une chapelle surmontée d'une croix auprès d'un solide édifice entouré de murs. C'est la mission catholique des Pères Lazaristes, avec son sanctuaire, jetée ainsi en vedette au devant des flots.

Un peu plus bas, séparée de l'église chrétienne par le cimetière musulman, est la ville... Pauvre ville ! Ramassis informe de masures en torchis et en pierres madréporiques, de huttes de paille et de tas de poussière ou d'ordures ; puis le rocher nu, sans eau ni verdure nulle part ; çà et là quelques édifices un peu plus considérables, tels que les mosquées, le konak du gouverneur, une dizaine de maisons appartenant à des employés turcs ou aux agents consulaires de la France et de l'Angleterre; voilà, à première vue, l'aspect de Massaouah.

Bâti, il y a quatre ou cinq siècles, par les Arabes, sur un îlot nu, à quelques encablures du rivage, comme tous leurs postes militaires, lorsqu'ils mirent le pied sur le continent africain, — comme l'est, sur la même côte, Souakim un peu plus au nord, et beaucoup plus au sud Zanzibar, dans l'océan Indien, — Massaouah était encore séparé du continent quand j'y abordai. Depuis l'occupation égyptienne, une digue le relie à la terre ferme; des constructions de l'État se sont élevées, des casernes, des magasins. Un certain nombre de négociants européens, principalement des Grecs, et deux ou trois Français, de Marseille et d'Alexandrie, en s'y établissant, se sont créé des demeures plus confortables. Mais, à l'époque de mon arrivée, au commencement de 1866, pas un Européen, à part l'agent français et les missionnaires, n'y résidait, et à côté des marchands indigènes, les seuls trafiquants étrangers qu'on y rencontrât appartenaient à cette caste mercantile de l'Inde appelée les Banians, qui, sous la protection du pavillon anglais, s'est implantée récemment sur toute cette ligne maritime pour en exploiter le commerce.

C'est grâce à leur action persévérante et à leurs efforts industrieux que des caravanes ont commencé à s'organiser périodiquement, quoique sur une échelle bien limitée encore, au cœur de l'Abyssinie, pour leur en apporter l'ivoire, les peaux, la cire, le café, etc., etc., qu'ils se procurent, dans ces conditions, à des tarifs dérisoires. Ils réalisent ainsi d'énormes bénéfices, et au bout de quelques années, chacun retourne chez soi manger le fruit de son travail, tandis qu'un frère, un parent ou un ami, vient prendre sa place et s'enrichir à son tour. Gens paisibles, d'une sobriété extrême, ils donnent en général, à côté d'un labeur assidu, l'exemple des vertus privées et d'une fidélité aveugle aux rites de leur religion. Très-amateurs de friandises sucrées, pour se dédommager de l'abstinence de toute viande et de tout poisson à laquelle les condamne le dogme de la métempsycose, ils m'envoyèrent fort gracieusement des échantillons de leurs confiseries que j'acceptai avec reconnaissance.

C'est le plus souvent de leurs mains que sortent les rares thalaris qui pénètrent en Abyssinie et qui tendent à se substituer aux articles d'échange parfois insuffisants. Dans l'isolement auquel l'Abyssinie s'est vue, du haut de ses plateaux, condamnée peu à peu par le travail des siècles et les progrès de la conquête musulmane, les conditions économiques de son existence sociale ont dû, en effet, subir une déchéance fatale et s'éloigner de plus en plus des promesses brillantes de son origine. Le trésor des Négus et celui de leurs peuples s'est dissipé; le vieux coin frappé au sceau royal a disparu. Réduit à s'agiter dans les limites d'un horizon borné, le commerce y est redevenu ce qu'il était au début de toutes les relations d'individu à individu, un acte de simple échange... Mais quelques-uns, plus hardis ou plus avides, se sont, au dernier siècle, aventurés jusqu'à accepter une espèce d'image gravée sur un morceau d'argent dont on a payé, à la côte, ou leurs services, ou leurs denrées... Puis leur exemple a été suivi, et voilà qu'aujourd'hui cette monnaie recherchée avec convoitise et conservée avec religion est la seule à laquelle désormais leur cupidité naïve attache une valeur significative. Aucune autre n'a cours parmi eux que celle-là : c'est le thalari.

Le thalari n'est autre que le thaler de Marie-Thérèse, introduit dans le Levant par les Vénitiens; mais encore, pour être accepté de l'Abyssin, faut-il que certaines qualités précises en signalent rigoureusement la valeur à sa méfiante prudence. La couronne de la souveraine doit être ornée, par exemple, d'un nombre de perles déterminé. Personne ne se trompera sur le compte. Le millésime, non plus, ne saurait varier, c'est-à-dire que les chiffres qui le composent, sans avoir de sens, il est vrai, pour l'intelligence de l'acquéreur, ne peuvent, sous nul prétexte, subir la transformation qu'impose chez nous la marche implacable du temps; puis ce sont d'autres signes encore, dont la valeur emblématique communique seule à la monnaie, là-bas, la vertu d'un fétiche ou d'un talisman. L'absence d'une seule de ces conditions suffit pour dépouiller la pièce de son prix et la rendre partout inacceptable. Et même, n'est-ce guère que dans la région le plus fréquemment en contact avec le littoral que la valeur vénale du thalari est appréciée. Elle équivaut environ à 5 fr. 35 de notre monnaie.

Plus loin, elle s'évanouit, ou si elle est encore, çà et là, reconnue, l'argent se fait, du moins, si rare qu'il faut absolument recourir à d'autres procédés pour les transactions. Jusqu'à ces dernières années, des morceaux de sel taillés en losange y suppléaient, et même y suppléent encore en bien des endroits. Le sol du pays étant complétement dépourvu de sel, et par là, le prix de cette denrée atteignant un taux d'autant plus élevé, une caravane considérable allait pompeusement, tous les ans, souvent au milieu des plus grands dangers, en recueillir une ample provision dans les réserves inépuisables de la *plaine de sel,* vallée profonde recouverte, sans aucun doute, autrefois par les eaux de la mer, et située entre deux chaînes de montagnes, à deux jours de marche environ de la côte, un peu au-dessous de Massaouah.

Les riches et les grands seuls pouvaient consacrer à des usages domestiques une substance aussi précieuse, et de temps à autre, les serviteurs obtenaient comme une faveur du maître l'autorisation recherchée de manger « un sel », c'est-à-dire de réduire une pièce de la monnaie courante en poudre comestible. La valeur de ces morceaux de sel ne saurait acquérir qu'un taux éphémère toujours variable, et proportionnel à la distance qui sépare le lieu où ils se débitent de la mine où on les puise. Un autre genre de monnaie également admise consiste en une pièce de coton, de dimension déterminée, sortie de la fabrication indigène.

C'est, on le voit, la transition immédiate du système d'échanges pur avec le prix relatif de ses éléments essentiellement véritables, au principe monétaire avec la valeur conventionnelle, mais immuable, des matières qui en constituent la base. L'étendue des transactions journalières, au sein même de l'empire, rendait indispensable, en effet, une sorte d'étalon auquel se rapportassent les cours des marchés abyssins.

Gondar, la capitale, dans l'Amahra, Adoua dans le Tigré, Ankober dans le Choah, sont les principales de ces places de commerce, et, en même temps, les centres industriels où se fait jour le sens inventif de l'esprit éthiopien. Ce sont des villes importantes. Gondar ne comptait pas moins de trente mille habitants, à l'époque où les jésuites portugais construisaient un palais à ses rois (1540 à 1604). Depuis Théodoros, elle a singulièrement déchu. Adoua en a cinq ou six mille.

Massaouah n'est qu'une misérable bourgade, comparé à ces métropoles. Je dus, néanmoins, me résigner à y faire un séjour de quelque durée, tant pour y prendre langue, que pour me mettre en état de pousser en avant, comme je me le proposais, dans l'Abyssinie même. Je me séparai de mes compagnons de route et m'installai provisoirement au consulat de France, pour le moment abandonné... Le supérieur des missionnaires, alors, le Père Delmonte, avec lequel je comptais tout d'abord me mettre en rapport, n'était pas à Massaouah. Il se trouvait à Hébo, dans le Tzana-Deglé, sur le haut plateau, centre de leurs établissements indigènes proprement dits. Je résolus de m'y rendre, et pris mes mesures en conséquence. Il me fallait des bêtes de somme pour mes bagages et mes provisions, une mule pour moi, des domestiques, des ustensiles, etc., etc. Cela me demandait quelques jours. J'en profitai pour explorer les environs, et j'allai à Arkiko.

Arkiko était, à cette époque, ainsi qu'il l'est toujours, la résidence du nahib, et en même temps celle du commandant militaire des troupes turques. Ces forces se composaient exclusivement d'une centaine d'irréguliers recrutés un peu partout, vêtus comme ils le pouvaient, et armés comme ils l'entendaient, pourvu que leur arsenal individuel comptât au moins un fusil, de n'importe quel calibre ni quelle provenance.

Aussi, quelle collection curieuse de tous les types ! Depuis le vieux tromblon espagnol du seizième siècle, le fusil à pierre de fabrication française, jusqu'à la longue espingole de Syrie ou de Perse, tous les genres s'y coudoyaient.

Moitié bandits eux-mêmes, moitié gendarmes, ceux qui les portaient avaient pour mission d'assurer la sécurité du pays. Mais ce n'était guère qu'aux dépens des faibles et des désarmés qu'ils s'en acquittaient. La vue d'une arme à feu, si primitive qu'elle fût, dans d'autres mains que les leurs, les mettait en fuite. En tout autre cas, leur protection s'imposait, et il fallait la payer.

Leur chef était mieux. C'était un Turc encore jeune, de Constantinople. Il y avait appris les belles manières, et se targuait d'une civilisation du haut de laquelle il professait le plus profond dédain pour le milieu où il était obligé de vivre. Ma visite l'enchanta.

— Nous sommes de la même race, me disait-il, et dans ces contrées reculées nous devons nous considérer comme compatriotes.

Je n'eus garde de le contredire, et il me choisit ce qu'il avait à peu près de mieux parmi ses hommes pour me servir de garde du corps.

A l'entrée des défilés qui conduisent en Abyssinie, Arkiko, au sortir de Massaouah, paraît un paradis. La couche artésienne, dont les eaux descendues des montagnes filtrent jusqu'à la mer, y livre ses premières richesses. Des lauriers-roses, des jasmins, y croissent à des hauteurs prodigieuses. Dans le jour, un certain mouvement d'allées et de venues s'y manifeste. Des voyageurs en partent; d'autres y arrivent. Le soir, les cafés se remplissent; des chanteurs indigènes y font entendre leurs mélodies, qu'accompagnent les sons des instruments de musique dus à la fabrication nationale. Ailleurs, des danses s'organisent, des cris de joie se font entendre. On se remue, on s'agite. C'est une capitale.

J'allai, bien entendu, rendre également mes devoirs au nahib. Devant sa demeure, sur une place, était un des puits de la ville. Je m'y présentai, justement, dans la soirée à l'heure où les habitants venaient y puiser la provision du lendemain. C'est aux femmes qu'est dévolu ce soin. Des jeunes filles, les bras nus relevés pour tenir la cruche en forme d'amphore placée sur leur tête, groupées au hasard, et me regardant de leurs grands yeux étonnés, à demi drapées dans le morceau d'étoffe qui, d'une épaule, en découvrant le sein, leur retombe sur les hanches, offraient le plus gracieux et le plus ravissant tableau. On eût dit une scène biblique : Rebecca à la fontaine. Ni le costume, ni les usages n'ont changé. Eliézer même et ses présents n'y manquent pas toujours.

Il s'est formé une corporation féminine pour exploiter cette branche d'industrie. Massaouah ne boit guère que l'eau qui y est apportée, de la terre ferme, par des femmes. Chaque matin, on les y voit arriver, une outre pleine sur le dos, et se rendre chez leurs clients habituels. La course a été de plusieurs kilomètres, et la rémunération est minime.

Mais à ce commerce peu lucratif s'en joint, d'ordinaire, un second d'un autre caractère, et beaucoup mieux rétribué. Ces femmes constituent la classe intéressante des *Belles-Petites* de l'endroit. Il en est parmi elles de remarquablement jolies et faites comme les modèles de l'antiquité. Une fois le préjugé de la couleur disparu, — et il disparaît bien vite, je vous assure, — on est tout étonné de rencontrer chez elles une grâce qui vous séduit et des charmes qui vous captivent.

A peine voilées d'un lambeau de cotonnade qui s'égare volontiers des épaules à la ceinture, le sourire sur les lèvres, le regard humide, la poitrine au vent, les formes accusées, elles feraient fureur même chez un public européen.

Peu de jours après mon débarquement à

Massaouah, je reçus la visite de deux de ces charmantes sauvagesses, peu farouches, en vérité. Avec quelle curiosité elles tournaient et retournaient tous ces petits riens, tous ces objets de toilette qui leur semblaient autant de merveilles ! Combien elles les admiraient ! Et quels beaux yeux, voluptueusement entr'ouverts ! Que d'exclamations joyeuses ! Que de questions naïves !

Au lieu de le porter au doigt, les femmes mariées, comme indice de leur qualité, s'enfilent dans la narine gauche un anneau, d'or chez les riches, d'argent chez les pauvres. Mais dès le bas âge elles se ménagent au nez ce trou destiné à recevoir plus tard le gage de leur hymen; et pour en maintenir les contours dans un état convenable, en attendant le couronnement final, elles y fichent une minuscule cheville de bois terminée au dehors par... par... — je vous le donne en mille — par un bouton de chemise ! Et Dieu sait où elles se les procurent.

C'est le dernier mot de la fashion là-bas, et les élégantes apportent à cet arrangement une recherche particulière. Je comblai de bonheur mes jolies visiteuses en les renvoyant chacune munie d'une demi-douzaine de ces ustensiles peu coûteux, que je détachai avec d'autant plus d'empressement, à leur intention, de mes cols de chemise, que déjà la chaleur me rendait insupportable autour du cou le contact du moindre corps étranger.

Mais revenons à notre nahib... Ce nom me rappelait vaguement certaines réminiscences de collége... Le nahib d'Arkiko!... Dans mes leçons de classe, j'avais jadis récité ce titre comme celui d'un des potentats de la côte orientale de l'Afrique... J'étais curieux de le voir chez lui.

Je pénétrai dans une cour à peu près rectangulaire et bordée, de chaque côté, de constructions en chaume, comme toutes celles d'Arkiko. Une d'entre elles, plus grande que les autres, était affectée à la réception des étrangers. Ce fut là que j'entrai. Pas d'autres meubles que deux *angarebs*, servant à la fois de lits pour se coucher et de siéges pour s'asseoir. Ce sont des cadres de bois formés de quatre perches parallèles, posées sur des pieds et reliées entre elles par des bandes de cuir de la largeur d'un doigt, découpées lorsque la peau est encore fraîche. En séchant, elle se retire, et toutes ces lanières juxtaposées forment alors comme un sommier qui n'est pas dépourvu d'une certaine élasticité. Pour dormir, on étend là-dessus une dépouille d'animal, un tapis, et tout est dit. Seuls, les personnages de distinction ont droit d'y prendre place, et lorsque le prince donne ses audiences, tout le reste du commun s'étend sans façon sur le sol battu qui sert de plancher.

Le nahib était un petit homme d'une quarantaine d'années, et se nommait Edris. Il me reçut de la façon la plus affable et la plus empressée. Mais son attitude était humble et embarrassée. On sentait qu'il souffrait, en présence d'un Français, de sa condition subalterne. Car celui-là s'honorait particulièrement d'être l'ami de la France. Une autre branche de sa race, qui régnait un peu plus au nord, à Haylet, était dévouée à l'Angleterre, et par là, dans l'esprit des populations indigènes, à la politique des Turcs.

Edris et les siens affichaient bien haut des opinions contraires et, malgré leur religion, entretenaient des relations suffisamment cordiales avec les chrétiens d'Abyssinie. Plus d'une fois, il avait pris leur parti contre les Chohos quand les déprédations de ceux-ci s'exerçaient avec trop d'impudence au préjudice des voyageurs et des marchands éthiopiens se rendant à Arkiko. Dernièrement, même, il avait dirigé contre eux une expédition, et son frère cadet,

Achmet-Areï, qui, d'ailleurs, se trouvait à ses côtés pour me recevoir, chargé de les poursuivre, se rencontrant face à face, au détour d'un sentier, avec le chef des brigands, lui avait tranché net la tête d'un seul coup de cimeterre. Celui-là, c'était le militaire de la famille. On vantait sa force et son courage. Je lui fis mon compliment de ses exploits, dont le bruit était venu, lui dis-je, jusqu'en France. Ce petit mensonge parut vivement le flatter, et à partir de cet instant, je comptai un ami sincère à Arkiko.

Cette amitié se traduisit aussitôt par une invitation à dîner, que j'acceptai séance tenante. Mais quel triste ordinaire, ou plutôt, quelle lamentable pauvreté ! Du riz bouilli mêlé à de rares morceaux de viande, des dattes, puis de l'eau miellée, d'excellent café par exemple, et ce fut tout !... Je ne m'étais pas muni de mon couvert de voyage, et je dus, pour manger, me servir des mêmes instruments que mes hôtes : les quatre doigts et le pouce. — Mon Dieu ! ce n'en est pas plus mauvais pour cela, d'autant plus qu'avant et après le repas, les serviteurs vous versent de l'eau sur les mains; seulement ce n'est pas commode au premier abord. Depuis, je m'y suis fait.

J'y gagnai, du moins, de me concilier tout à fait

leurs bonnes grâces, et d'arriver, par leur intermédiaire, à réunir plus vite ce qui m'était nécessaire pour entreprendre mon voyage.

Deux jours plus tard, en effet, je me trouvais à la tête de deux chameaux avec leurs chameliers, d'une mule et de quatre domestiques indigènes. Ces derniers avaient dû être choisis avec circonspection. Pour ne point exciter de jalousie, j'avais pris deux musulmans et deux chrétiens. Les Pères de la mission les connaissaient et m'en répondaient.

L'un d'eux surtout, homme déjà mûr, nommé Ibrahim, m'était particulièrement recommandé; et en effet, durant les treize mois qu'il demeura le compagnon constant de mes aventures, j'en reçus des gages précieux d'un dévouement et d'une fidélité dont, chez nous, bien peu seraient capables. Quoiqu'il fût musulman, les chrétiens l'entouraient d'une estime légitime.

Quant à mon cuisinier, ce n'était autre qu'un propre parent du nahib. Son grand-père, poussé par la misère, avait, sans le savoir, renouvelé la légende d'Ésaü et, bien qu'étant l'aîné de la famille, renoncé à tous ses droits pour deux mesures de dourah. Mais l'esprit d'égalité de la religion musulmane vient au secours de ces déchéances, et nul ne se trouve humilié de la dégradation passagère à laquelle le condamnent les rigueurs du présent. Aujourd'hui, le représentant incontesté d'une des plus anciennes races de l'Orient en était réduit, pour vivre, aux plus humbles fonctions, et gaiement il se tenait prêt à trotter à ma suite, chargé de sa modeste batterie de cuisine, sans souci de ses quartiers, d'une authenticité pourtant à faire pâmer d'aise tout un chapitre de Bavière.

A eux quatre, ils parlaient, à peu près, tous les idiomes que j'étais exposé à rencontrer sur ma route, et ils allaient ainsi me servir eux-mêmes d'interprètes en toute occasion. Entre nous, le lien commun était l'arabe.

Ce furent eux qui s'occupèrent des emplettes rigoureusement indispensables. J'étais résolu à ne m'embarrasser que de ce dont je ne pouvais pas me passer; aussi avais-je proscrit la tente, sans hésiter. Quel abri plus splendide et plus sain que la voûte constellée de ce ciel idéal des nuits de l'Orient?

Nous nous trouvions dans la saison pluvieuse, il est vrai. Mais sur les bords de la mer Rouge, c'est à peine, souvent, si l'on s'en aperçoit autrement que par une fraîcheur bienfaisante qui, la nuit, atténue un peu la température torride de la journée. Pour mon apprentissage, je fus favorisé, et à part quelques ondées insignifiantes, je n'eus qu'à me féliciter, au début, de ce climat si dévorant en été.

Malgré mon dédain pour tout luxe encombrant, il me fallait un lit de bivouac. Mes gens me le procurèrent, et à peine me l'eurent-ils apporté que je m'y étendis avec délices. C'était une superbe peau d'un grand bœuf d'Abyssinie, tannée en rouge, et qui m'avait bien coûté un thalari...

Que de nuits heureuses j'ai passées sur cette peau jetée au hasard du sable ou des cailloux, et que de rêves d'or dont s'y est bercé le sommeil de ma jeunesse! Pendant treize mois, je n'eus pas d'autre couche.

CHAPITRE V

Monkoullo. — L'ancien établissement de la mission des Pères Lazaristes. — Première journée de marche. — Bivouac au désert — Les bêtes fauves. — La musique arabe. — Abondance et variété du gibier.

Lorsqu'un voyageur quitte Massaouah pour se rendre dans l'intérieur, c'est toujours le soir, un peu avant l'obscurité. De mémoire d'homme, on ne se rappelle pas avoir jamais vu qui que ce soit contrevenir à cet usage. On va coucher, suivant la direction, soit à Arkiko, soit à Monkoullo, pour ne se mettre définitivement en route que le lendemain, au lever du soleil.

Monkoullo est, pour ainsi dire, la succursale de Massaouah. Les trois quarts des négociants de cette dernière ville y possèdent une espèce de maison de campagne, une villa, dont ils sortent à l'aurore pour y rentrer le soir. C'est en quelque sorte, pour eux, une façon de Bougival ou d'Asnières. Massaouah n'est en réalité que leur bazar, leur comptoir, un lieu de rendez-vous où, dans la journée, ils vont traiter leurs affaires, prendre les nouvelles, surveiller les arrivages de la mer, mais dont ils se hâtent de fuir le séjour monotone, dès que leur présence n'y est plus nécessaire, pour retourner à la verdure, à l'air frais et aux plaisirs de Monkoullo.

C'est là que sont les puits qui, avec ceux d'Arkiko, fournissent de l'eau à toute la côte et alimentent le commerce des demoiselles dont j'ai parlé.

Ce fut aussi là qu'à l'origine la mission catholique avait établi son principal siége. On y voit encore les murs en ruine de la chapelle et de la demeure des missionnaires. Mais des raisons de sécurité et de commodité en ont, depuis quelques années, exigé, ainsi que nous l'avons vu, le transport dans l'île même; et de cette installation il ne subsiste plus, aujourd'hui, que les arbres devenus grands qu'ils y avaient plantés, de faux poivriers dont l'ombrage touffu apparaît de loin comme un îlot sombre sur l'océan de sable éblouissant qui, à partir des dernières cabanes de Monkoullo, s'étend aussi loin que le regard peut fouiller.

Je me conformai donc au programme officiel, et j'allai passer ma première nuit de voyage précisément sous cet abri parfumé. A l'aube, le roucoulement des tourterelles m'éveillait. Mes hommes étaient à l'œuvre déjà pour charger les chameaux. Un quart d'heure après, nous nous mettions en route.

Deux personnages nouveaux s'étaient joints à ma caravane : un soldat, soi-disant pour me servir d'escorte et de protection, envoyé par le commandant turc d'Arkiko, et le guide Choho, imposé par la coutume. A l'un et à l'autre je devais donner un thalari; autant au chamelier par chaque bête... Et tout cela pour un trajet de dix jours! En vérité, ce n'était pas trop cher. Bruce s'en était tiré, jadis, à moins bon compte.

Ces Chohos forment une peuplade musulmane à part, dont la région montagneuse qui sépare l'Abyssinie de la mer constitue le domaine. Exclusivement pasteurs et surtout pillards, ils ne cultivent rien et attendent à peu près tout du passage des étrangers et des caravanes qui achètent, à beaux deniers comptants, le droit de le franchir. Jadis excessifs, les prix ont aujourd'hui sensiblement diminué, et l'Égypte tient la main à ce que le taux n'en varie pas avec leurs appétits.

Bientôt, fatigué de l'allure lente et uniforme des chameaux, je mis pied à terre et je

4.

pris les devants pour me livrer au plaisir de la chasse. Trois de mes domestiques et le guide Choho demeuraient près des animaux. Ibrahim et le soldat me suivaient, formant ma garde spéciale.

Ce dernier m'avait vu tirer quelques oiseaux avec du petit plomb. De sa vie il n'avait manié semblable projectile. Il m'en demanda quelque peu pour son long et mauvais fusil arabe. Tout en m'empressant de satisfaire à ce désir, je regardais du coin de l'œil comment il allait s'en servir. Bien m'en prit. La poudre dont font usage en Abyssinie les gens assez heureux pour posséder une arme à feu est, en même temps, fabriquée par ceux-ci. Ils en ont là, sous la main, tous les éléments. Mais, naturellement, elle est fort grossière, et c'est par poignées qu'ils en bourrent le canon de leur fusil. C'est ainsi que mon homme procéda, et je le laissai faire jusqu'au moment où je vis qu'il en agissait de même avec le plomb. Sans autre façon, il le jetait par-dessus la poudre comme une balle de calibre.

Après une démonstration sommaire, j'eus soin, à l'avenir, de me tenir à distance. Ce n'était jamais qu'en tremblant que je le voyais, quand il se tenait sur mes talons, se disposer à faire feu. Heureusement, ces velléités furent rares. Les munitions lui paraissaient trop précieuses pour être gaspillées follement sans profit. Je l'encourageai dans cette conduite économe et prudente.

D'abord, je marchai vaillamment. Nous traversions une grande plaine parsemée de mimosas, de colquals et de cactus. Çà et là, d'une branche à l'autre, bondissaient de petits écureuils gris cendré. Des perdrix du désert, au plumage étincelant, s'envolaient sur mon passage; des francolins gloussaient dans la broussaille. J'aspirais à pleins poumons ces senteurs balsamiques des grandes solitudes africaines, dont l'ivresse m'envahissait. Chaque pas m'éloignait de notre civilisation.

J'allais à l'inconnu. Devant moi, tous les mystères, tous les périls peut-être que souvent il recèle; tous les hasards, tout l'imprévu de la vie indépendante et libre. Sous l'œil de Dieu, sans autre appui que moi-même, sans autre soutien que ma volonté, sans autre sauvegarde que mon énergie, je l'abordais enfin, cette mâle existence que j'avais rêvée, de l'homme maître de lui qui veut mesurer ses forces et bronzer son âme contre les défaillances humaines.

Néanmoins, la chaleur devenait suffocante.

Sous mes pieds, un sol sablonneux et brûlant, où je me traînais en haletant; sur ma tête, ces rayons de feu dont nulle langue humaine ne peut donner idée à qui n'a pas soi-même plié sous leurs atteintes; tout autour, une atmosphère lourde et embrasée...

Je sentais comme des frissons de vertige me monter au cerveau. Épuisé, n'en pouvant plus, je m'assis sous un maigre arbrisseau sans verdure et sans ombre. Moi, si intrépide tout à l'heure, je tombais déjà anéanti, et mon esprit se rappelait involontairement une question posée en ma présence à un voyageur au moment où j'allais m'embarquer à Suez pour Massaouah.

Ce voyageur était M. Rasam, naguère envoyé de la reine Victoria près du négus Théodoros.

Il racontait à un petit nombre d'auditeurs, parmi lesquels je figurais, quelques-unes de ses aventures et des traverses qu'il avait eu à subir dans ses explorations en Arabie, en Mésopotamie, etc., etc. Il dépeignait ces terribles journées de marche au milieu des sables, sous un soleil dévorant, sans eau, sans abri; ces longues nuits sans sommeil, à la belle étoile, sous la rosée glaciale d'un ciel toujours pur, entouré de bêtes féroces, exposé à leurs attaques et à celles des peuplades sauvages ; bref, toutes ces fatigues atroces, ces privations inouïes, ces souffrances sans trêve, tous ces dangers renaissants que je ne connaissais pas alors, et dont j'appris, depuis, à savourer le charme.

— Eh! grand Dieu, interrompit tout à coup l'un de nous, quel crime aviez-vous donc commis pour vous condamner vous-même à une si dure expiation?

Et moi aussi, de quelle faute m'étais-je donc rendu coupable? A quel accès de folie avais-je donc succombé pour être ainsi, de gaieté de cœur et sans raison, venu braver de si rudes épreuves?

Faiblesse d'une seconde, heureusement, que de pareilles réflexions! Je me relevai plus résolu que jamais et atteignis sans trop de nouvelles angoisses l'heure et le lieu de la halte.

Derrière un fourré épineux, au bord du lit desséché d'un torrent, s'installa notre bivouac. Le bois sec ne manquait pas, et pendant qu'étendu sur ma peau de bœuf je reprenais péniblement haleine, mon repas cuisait bien vite au foyer qu'un amas énorme de combustible allait alimenter toute la nuit. Nous ne devions pas aller plus loin, en effet, cette journée. C'était la première du voyage, et, pour un début, cinq heures de marche, sous cette température torride, paraissaient raisonnables. Point d'eau. Nous n'avions, pour nous désaltérer, que celle dont nous avions rempli nos outres à Monkoullo, suspendues aux flancs d'un des chameaux; l'évaporation y conservait une certaine fraîcheur.

L'aspect morne et désolé de la contrée répondait mal, jusque-là, à l'idée séduisante que, dans mes rêves d'explorateur, je me faisais de l'Abyssinie. Il est vrai que j'en étais encore loin, et quelques heures me séparaient à peine de la mer Rouge. Néanmoins, l'état de mon esprit se ressentait de ce premier désenchantement. On se figure difficilement à quel point, dans les conditions où je me trouvais, l'ensemble des choses extérieures qui vous entourent pèse sur l'être moral. Aussi cette réflexion philosophique aidant, je me flattais, après tout, qu'un sommeil réparateur aurait raison de ces vilains nuages noirs, et que le lendemain matin, à ce délicieux moment dont les régions tropicales ont seules le secret, où l'aurore réveille la nature tout humide de rosée, où les senteurs rafraîchies de l'aube vous enivrent, je me lèverais plus vaillant et plus confiant que jamais dans l'avenir.

Mais j'avais compté sans la société des bêtes fauves. Toute la nuit, ce fut, autour de nous, un concert où chacals et hyènes faisaient leur partie à qui mieux mieux. D'autres voix plus graves et plus menaçantes ne s'y mêlaient pas encore, comme cela devait se présenter plus tard. Toutefois, tel qu'il frappait mes oreilles novices, ce bruit incessant, le sentiment de ce voisinage si nouveau pour moi, cette solitude immense où moi, atome, je me trouvais comme perdu, tout cela produisait pour mes nerfs un malaise indéfinissable qui tint le sommeil bien loin de mes paupières.

Il en fut ainsi pendant quelques nuits encore. Puis je m'y accoutumai, et au bout d'une semaine, ainsi que je fus, du reste, fréquemment, par la suite, à même d'en faire l'expérience, c'était en vain que les animaux les plus terribles rôdaient à quelques pas de moi, et que leurs hurlements remplissaient, à vous assourdir, tous les échos d'alentour. Sur ma peau de bœuf, mon revolver pour oreiller et ma carabine chargée à mes côtés, je dormais comme je crois n'avoir jamais mieux dormi, depuis, dans le plus moelleux des lits... Que c'est bon d'être jeune !

A quatre heures, malgré l'insuffisance du repos que j'avais goûté, nous nous remettions en route. Le trajet devait être plus long, cette journée. Mais bien que déjà nos yeux distinguassent dans le lointain la ligne sombre des hauts plateaux éthiopiens, le chemin autour de nous continuait à garder sa physionomie morne et désolée. L'un des chameliers était un fils de ces solitudes. C'était un Bédouin. Sur les épaules son abbaya grossière en poil de chameau, à la main le petit bâton traditionnel qui ne quitte jamais aucun indigène en voyage, il marchait en tête de la caravane sans se presser, de la même allure paresseuse que ses bêtes, et en fredonnant à mi-voix un de ces chants du désert dont le rhythme éteint et lent répond si bien, selon moi, au caractère grave et solennel de l'immensité qui vous étreint.

Là, l'oreille, pas plus que la pensée, n'en comprendrait d'autre. Il semble qu'en présence de ces horizons grandioses qui se déroulent uniformes et muets sous le regard, le rire et la gaieté expirent étouffés sur les lèvres, et que l'âme a besoin, pour répondre à ses secrets désirs, d'harmonie sans élan, de rêverie sans passion. Les roulades de nos cavatines les plus fringantes, de nos couplets les mieux tournés, y détonneraient comme autant de gammes discordantes.

Chaque pays, en effet, inspire au génie de ses enfants je ne sais quelle harmonie spéciale en rapport avec le cadre du milieu où ils vivent. Sur le Bosphore, je me souviens, le soir, lorsque les bruits de la terre faisaient silence, comme du sein des flots, s'élevaient des accents d'une suavité déchirante ! On eût dit les sanglots de la patrie en lambeaux. C'étaient des Grecs qui, au mouvement cadencé de leurs caïques et aux sons plaintifs de l'accordéon, récitaient des strophes d'une mélopée dont l'air mélancolique et doux s'est transmis, parmi eux, à travers les âges.

Je m'en suis fait traduire les paroles. Rien de bien émouvant. C'est une histoire d'amour comme tant d'autres. Mais, dans les deux ou trois phrases qui revenaient régulièrement à la fin de chaque période, il y avait tant de douleur, tant de larmes, que jamais je n'ai pû les entendre sans sentir comme un frisson m'agiter tout entier, et comme des pleurs me monter aux yeux. Émotion que, bien certainement, n'éprouvaient pas les chanteurs, mais à travers laquelle, malgré moi, je voyais surgir tout un passé de grandeur évanouie, de conquêtes sanglantes, de désastres sans fin... Et puis, tout à coup, de la dernière note, un peu traînante et timide, s'échappait comme un soupir d'espérance, comme une lueur encore confuse, mais qui pouvait un jour éclairer tout un avenir de vengeance et de défi!... Que de sensations parfois inexpliquées et inexplicables!

Tout en rêvant, nous avancions. A neuf heures, nous faisions halte dans le lit à sec d'un second torrent que nous rencontrions au pied des premières hauteurs qui bornent, vers l'ouest, la longue plaine monotone à laquelle, enfin, nous avons dit adieu.

C'est la station d'Oued-Negus : un peu d'eau au fond d'un trou en entonnoir, à un mètre environ de profondeur. Nous demeurons là jusqu'à midi, une heure. Dans ces latitudes, la matinée est, en effet, le moment le plus chaud. Quand nous quittons cette aiguade, la végétation commence à se montrer plus abondante, et une pente douce nous conduit insensiblement à une petite plaine boisée, sur les bords d'une rivière également tarie. Là, nous installons notre campement de la nuit. Le lieu s'appelle Maasena. Comme à Oued-Negus, deux excavations ménagées dans le lit de sable laissaient filtrer l'eau.

A cette heure-là, que d'oiseaux ravissants venaient y boire! Près d'eux, parfois, à les toucher de la main, je me gardais de faire un mouvement qui pût les effaroucher. J'éprouvais trop de plaisir à les contempler. J'en remarquai de bleus, entre autres, d'un bleu uniforme, à reflets chatoyants, — oui, l'oiseau bleu lui-même, le *rara avis* du poëte, un bleu d'azur sans une seule plume d'autre couleur. Cette espèce se montrait là en grande quantité. Mais, depuis, hors de cet endroit, je n'en revis jamais pendant toute la durée de mon séjour en Abyssinie.

Un fait curieux à noter, en effet, c'est que, dans cette région, par ci par là, une vallée, un coteau sont à peu près exclusivement peuplés d'une catégorie distincte d'oiseaux à la robe verte, jaune ou bleue. Il en voltige sur chaque branche; chaque détour du sentier, chaque touffe d'herbe vous en découvre, toujours les mêmes. On dirait que le monde n'a plus que ceux-là. Puis, quelques pas plus loin, c'est fini. Une seconde variété succède à la première. Celle-ci a disparu, et vous ne la retrouverez plus nulle part ailleurs.

A Maasena, le gibier de toute nature foisonnait également. De petites gazelles, grosses à peine comme un lièvre, mais plus hautes sur pattes, montraient, à travers le fourré, leur museau mignon et leurs grands yeux anxieux. C'est une race propre à ces contrées. On l'appelle la gazelle du Tigré. Les naturels, eux, l'appellent Ben-Israël. Puis, sans parler des francolins, des pintades, etc., etc., des troupes de sangliers.

Il en vint sept ou huit, en grognant, fouiller et remuer la terre à dix pas de moi au plus. L'un d'eux, énorme, portait une double paire de défenses monstrueuses. Je lui tirai un coup de carabine, et, bien que la balle l'eût traversé de part en part, il disparut dans la broussaille en déracinant un quartier de roc plus gros que lui. Je croyais l'avoir manqué. Pas du tout. Lorsque je m'approchai, il gisait sans mouvement derrière sa grosse pierre. Je tenais à son ivoire. Il fallut la hache pour l'arracher

J'ai rapporté ce trophée en France. C'est le seul souvenir effectif, en quelque sorte, qui me soit resté de mes voyages, tant je me suis laissé piller par mes amis. A voir les dimensions de ces dents, personne, d'abord, ne veut croire que ce soient celles d'un sanglier.

Ce ne fut pas là le seul profit que je tirai de ma victoire. Un si beau coup de fusil! jamais jusqu'alors je n'en avais fait autant, et j'en étais fier. Mais dans la position où je me trouvais, j'envisageai la question à un autre point de vue plus pratique, et je voulus que le côté gastronomique ne fût pas négligé. J'en détachai un cuissot pour mon garde-manger. Je possédais mes classiques, par bonheur, et les souvenirs de tous les Robinsons du monde, de tous les trappeurs et Indiens de l'Amérique me revenaient en foule. Je résolus, à leur exemple, de recourir, pour l'apprêt de ce morceau délicat, à la cuisine des bois, et je pris sur-le-champ mes dispositions.

Un grand trou fut creusé dans le sol. Là, j'accumulai des branchages de bois vert, et, pendant deux ou trois heures, j'eus soin que le feu y fût entretenu sans relâche. Alors, j'enveloppai soigneusement mon gigot, au préalable convenablement salé, dépouillé, etc., dans un morceau de sa peau ; puis j'écartai la braise et je l'introduisis proprement au milieu. — O mes élégantes danseuses du temps passé, si vous m'aviez pu voir dans ce rôle-là !... — La terre, les cendres chaudes, ramenées dessus et tassées jusqu'à ce que le vide fût comblé, je me couchai et m'endormis en rêvant de Brillat-Savarin. Le lendemain, en effet, quel régal ! Débarrassé de son enveloppe carbonisée, mon cuissot offrait à l'œil une chair rosée et appétissante; à l'odorat, un parfum d'ambroisie; au goût, quelque chose de succulent, d'exquis, d'inénarrable!... Je recommande la recette aux gourmets.

CHAPITRE VI

La région montagneuse. — Les campements de pâturages. — Première eau courante. — Caravane d'indigènes. — Les dattiers d'Addi-Rasu. — Le baobab et son fruit. — Village d'Akrour.

Désormais nous sommes au milieu des montagnes. Nous rencontrerons bien encore des plateaux, des vallons, mais les vastes plaines ont disparu, et, peu élevées d'abord, les ondulations du terrain s'accentuent et grandissent progressivement. La température est moins accablante, et notre marche du matin se prolonge. A onze heures, nous atteignons Ambatogane.

Là, repos de toute la journée. Nous n'en repartirons que le lendemain. Pourquoi? Je ne l'ai jamais su au juste et suis encore à me le demander. Je crois que notre soldat se trouvait en pays de connaissance, et n'était pas fâché de faire festoyer à mes frais ses parents et amis.

Notre bivouac s'installe, en effet, au bord d'un étang qu'ont formé les dernières pluies et dont l'existence a déterminé un campement d'indigènes. Près de nous, se distinguent cinq ou six huttes de branches sèches, au milieu d'un vaste enclos d'épines. Voilà tout. C'est là que gîtent les pasteurs avec leurs familles, et que, le soir, rentrent les troupeaux disséminés durant le jour à travers les pâturages.

A mesure que la pluie tombe, sous ce climat, l'herbe pousse drue et serrée. Les habitants, alors, quittent leurs résidences habituelles pour mener leurs bestiaux partout où elle paraît. Ils se construisent çà et là des abris éphémères, qui dureront aussi longtemps que cette ressource ne sera pas épuisée, et qu'ensuite ils abandonneront pour aller, un peu plus loin, à la recherche des cantons encore parés de leur fraîche verdure. Tout ce bétail n'est pas, d'ordinaire, la propriété de ceux qui le conduisent. Ils en prennent la garde à bail; puis, quand la campagne de pâturage est finie, ils le ramènent au propriétaire qui les paye, et chacun rentre chez soi.

Il y avait déjà quelque temps que ceux-ci occupaient ce quartier. On s'en apercevait aux abords piétinés de la mare... Les traces fétides des animaux s'y mêlaient à une boue noirâtre et visqueuse. Des puanteurs insupportables s'exhalaient de l'eau verdâtre. Malgré cela, c'était un va-et-vient continuel de femmes qui venaient y remplir leurs outres. Notre provision était à son terme. Comme elles, avec plus de répugnance sans doute, je dus donc me contenter de ce breuvage écœurant.

J'aurais voulu fuir au plus vite ce site peu réjouissant. Mais il n'y avait pas à dire : mon guide avait mis dans sa tête qu'il resterait toute une journée avec les siens, et, bon gré, mal gré, il fallut me résigner.

Pendant qu'il les recevait en grand seigneur et les traitait avec mes provisions, je pris mon fusil et j'allai chasser. Le pays était couvert de fourrés épais, où le gibier de toute espèce trouvait un couvert plantureux. Des lièvres bondissaient à chaque pas devant moi, pour s'arrêter presque aussitôt, et me regarder tranquillement assis les deux pattes de devant en l'air. On voyait que, pour eux, le danger n'existe pas. Le despotisme des préjugés interdit, en effet, à tout Abyssin l'usage de cette viande. Un homme est déshonoré s'il se laisse entraîner à y toucher. Il n'est pas de plus grande injure, sur les hauts plateaux, que de s'appeler « mangeur de lièvres ».

Résolu à respecter, dans mes voyages, toutes

les coutumes, tous les usages, tous les scrupules des populations que je visitais, sans les discuter, et si étranges qu'ils pussent me paraître, j'évitais soigneusement moi-même de me déconsidérer aux yeux des Naturels en poursuivant cet animal impur.

Mais ce que je ne pouvais me lasser d'admirer, c'était cette multitude d'oiseaux de toute nuance. Ici, le jaune dominait, un jaune d'or, pur de tout alliage, et pareil à celui de nos serins, mais avec ce douloureux contraste que si la nature, là-bas, ouvre avec profusion, en faveur de ces jolis êtres, l'écrin de ses joyaux les plus éblouissants, elle leur refuse, en revanche, les accords mélodieux dont leurs frères, moins éclatants, charment, chez nous, l'écho de nos forêts.

Lorsque je m'éveillai, le lendemain, aux lueurs matinales de l'aube, je distinguai précisément, à peu de distance, un arbre mort dont les rameaux inertes étaient couverts, jusqu'au dernier, d'une foule de ces oiseaux de toute couleur. Dès que le soleil parut, ce petit monde, sans quitter la place cependant, se mit à se remuer et à s'agiter en piaillant. On eût dit un de ces arbres mécaniques où tout est mis en mouvement par un ressort invisible.

Plus près de moi, deux indigènes se tenaient debout, épiant mon réveil. Au lieu d'être, comme d'habitude, enveloppés de la *chemmâa*, ou grande pièce en toile de coton dans laquelle ils se drapent le jour et se couchent la nuit, ils la portaient roulée autour de la taille; un petit caleçon leur descendait de la ceinture aux genoux; à leur bras pendait un bouclier rond en cuir d'hippopotame; sur l'épaule, une lance au fer effilé.

C'étaient deux guerriers.

Ils sollicitaient humblement l'autorisation de se joindre à ma troupe, pendant quelque temps, pour regagner leur village qui se trouvait sur mon itinéraire. Mes guides, bien entendu, appuyaient la requête. J'y acquiesçai. Mais nous ne partîmes qu'assez tard, dans l'après-midi, pour aller coucher tout près, au bout d'un ravin tapissé de verdure, et dans un site d'un délicieux aspect.

Le paysage devient intéressant. Mais mes yeux, habitués à la physionomie de ceux de nos contrées, cherchent en vain, ici, ces eaux courantes, dont le murmure les anime et les égaye. Sans elles, pas de vie; les plus riches, les plus pittoresques contrées semblent mortes. Je questionne mes gens à ce sujet :

— Quand donc en rencontrerons-nous?

— Bientôt, me répondent-ils invariablement, et beaucoup! beaucoup!

Il faut bien me contenter de cette affirmation et de l'espoir qu'elle me garde, en attendant mieux.

Le lendemain, enfin, après avoir gravi le flanc assez abrupte d'une nouvelle chaîne de collines, mon regard, en arrivant au faîte, embrasse tout à coup un vaste cirque qui se déroule à mes pieds.

— Voilà l'eau! voilà l'eau!

Ce lieu est le confluent de deux des plus larges torrents dont les flots descendent des hauts plateaux : le Hérat, venant du sud, et le Demas, de l'ouest. Mais, jusqu'à présent, j'ai beau regarder, je ne distingue, entre les rives verdoyantes, que du sable et des cailloux. Nous hâtons le pas, et, en effet, en arrivant au bas de la pente, je découvre l'eau qui scintille et qui coule, en gazouillant, sur un lit de fine poussière argentée.

Quelle jouissance! Quel bonheur! Nul ne peut se rendre compte de l'immense joie qui vous envahit à la vue de ce liquide pur et cristallin bondissant, çà et là, en petites cascatelles, lorsqu'on en a été privé comme je l'étais, pendant des semaines et des mois. C'est un ami qu'on retrouve ; c'est tout un passé de souffrances qui s'efface ; c'est la confiance en Dieu qui se relève ; c'est l'espérance et la force qui renaissent...

Point de verre, point de vase ! A quoi bon ? Quelles vulgaires et lentes formalités ! Je me jetai à plat ventre et me mis à boire à longs traits. Comme c'était délicieux, et qu'il y avait longtemps que je ne l'avais fait !

Un immense figuier de Pharaon était là, tout au bord, couvrant l'onde limpide de son ombrage trois ou quatre fois séculaire. Je voulais prolonger la sensation voluptueuse que je venais de goûter. Nous fîmes halte sous cet arbre.

J'en savourais avec ivresse la bienfaisante fraîcheur, lorsque, tout à coup, j'entendis du bruit, et j'aperçus, à un coude du torrent, au-dessous de nous, une troupe d'hommes et d'animaux : c'était une caravane d'Abyssins qui revenaient d'un marché voisin. Ils étaient une trentaine d'individus à peu près, et autant de bêtes de somme, mules, baudets et bœufs.

Ces derniers, patients et forts, servent à la fois au labour de la terre et au transport des fardeaux. Ils portent, attachées sur leur bosse, des charges beaucoup plus lourdes que tous les autres. De chameaux, point. C'était par exception que les nôtres s'aventuraient dans cette contrée où les difficultés du chemin leur opposent des obstacles souvent infranchissables. On doutait même que les miens pussent aller jusqu'à Hebo.

Suivant un usage fréquemment adopté lorsque deux caravanes suivent la même route, les indigènes se joignirent à nous, et, tous ensemble, nous remontâmes le torrent. Dans cette partie de l'Afrique, en effet, où la nature se charge exclusivement de tout ce qui peut ressembler au tracé d'une route et à son entretien, la violence des pluies tropicales accumule sur un même point, en peu d'heures, de telles quantités d'eau, que leur masse, se frayant un tumultueux passage au travers des arbres qu'elle entraîne et des rochers qu'elle déracine, creuse dans cette terre bouleversée de gigantesques sillons dont l'empreinte du temps respecte les caprices. Point d'autres chemins auxquels puisse se confier l'allure paisible d'une caravane; rien que le lit de ces torrents où quelque ruisseau murmurant à présent sous le gazon, quelque flaque d'une eau tranquille dormant dans les anfractuosités du roc, rappellent seuls, çà et là, les tourbillons écumeux dont le fracas, naguère, épouvantait ces solitudes.

L'apparition de ces réservoirs naturels, dont tout guide doit prévoir d'avance l'époque et la durée, règle les haltes du voyage. A l'endroit convenu, chacun s'arrête, les bêtes de somme sont déchargées, les montures entravées, les provisions mises à découvert, les marchandises à l'abri; et pendant que les chefs, couchés sur la peau de bœuf qui leur sert de tapis et de lit, se reposent en surveillant de l'œil l'installation du camp, les serviteurs se distribuent la tâche; à l'un d'aller couper le bois, à l'autre d'aller puiser de l'eau; un troisième fait le pain. Puis le tumulte s'apaise, les feux s'allument, le repas se prépare, les animaux qui broutaient se rapprochent, la nuit arrive, et c'est alors l'heure de la prière, des danses et des chants. Ensuite, quand la lassitude a dompté les plus forts, que les maîtres s'endorment, on ranime les feux, et tous vont s'accroupir en cercle autour d'un homme d'ordinaire impassible et muet. C'est quelque conteur renommé dont la mémoire garde en réserve maint récit merveilleux qui ne sera jamais écrit. On l'entoure, on le presse. Bientôt, sa voix écoutée s'élève dans le calme de la nuit, pendant qu'à ses pieds la foule anxieuse des auditeurs suit du regard et de l'oreille chacune des syllabes qui tombent de ses lèvres. Rien d'aussi curieux, d'aussi saisissant, que ces haltes au désert : tous ces types divers, tous ces grands corps noirâtres et demi-nus se mouvant aux rouges reflets de la flamme ou étendus à terre, drapés dans de pittoresques haillons ; ces faisceaux de lances, de boucliers et de fusils appuyés au rocher; les bêtes tuées à la chasse ou égorgées pour le lendemain suspendues aux branches de quelque tamarin; puis, au second plan, l'amas des fardeaux empilés comme une sorte de remparts éphémères; les mules se roulant sur le sable; la tête placide des chameaux ruminant leur provende; tout à l'entour, l'obscurité menaçante des ténèbres, les profils sombres de la montagne; et, dans le fourré voisin, les cris de l'hyène et du chacal, ou, plus loin, les rugissements de la panthère et du lion; au-dessus de tout cela, enfin, le ciel étoilé des régions africaines, jetant ses idéales lueurs aux mille bruits du silence et enveloppant toutes les terreurs humaines de son immensité!...

Ce ne peut être sans émotion que ma pensée se reporte à ces scènes déjà loin, mais jamais oubliées.

Notre association avec l'autre caravane ne fut

pas de longue durée. Au bout de quelques heures, les principaux de ses membres, ainsi que mes deux guerriers, vinrent me baiser la main en me souhaitant toute sorte de prospérités, et, suivant la formule usitée, des quantités de miel, de lait, etc., etc., à rassasier tout un régiment. Puis ils prirent un sentier qui les conduisait dans l'Hamacen, tandis que je continuais toujours tout droit.

La vallée se rétrécissait de plus en plus. Les proportions des montagnes, tout autour, grandissaient. Ce n'était plus que chaînes sur chaînes s'enchevêtrant les unes dans les autres. On eût dit des vestiges du chaos, vestiges verdoyants et pittoresques en général, il est vrai, mais parfois aussi sauvages et terrifiants. La végétation change également d'aspect; elle devient puissante, et participe au caractère sévère et tourmenté du sol où s'enfoncent ses racines.

C'est que, décidément, nous abandonnons les terres basses et leur aspect désolé pour aborder enfin les hauteurs mouvementées et réconfortantes des plateaux. Je vais avoir affaire à d'autres hommes, d'autres usages, d'autres idiomes, d'autres climats.

Aussi bien par le type des races qui l'habitent

que par sa configuration géographique et la nature de ses productions, l'Éthiopie diffère essentiellement du reste de l'Afrique. Là, point de ces êtres d'une stupidité féroce, à la figure bestiale, aux appétits sanguinaires, au visage comme à l'esprit épais; mais, au contraire, des hommes à l'intelligence vive, aux traits purs, quoique bronzés, à l'extérieur élégant, au maintien plein de grâce, aux mœurs policées. Chrétiens de longue date pour la plupart, hardis cavaliers, guerriers chevaleresques, ils rappellent, dans leurs allures, les origines de la grande famille caucasienne, dont ils sont une des branches. Point, non plus, de ces plaines de sable sans limite qui, ailleurs, désolent le regard; de ces marécages enfiévrés qui recèlent la mort; de ces forêts inextricables aux mystérieux périls. Sur une étendue de cinq à six cents lieues à peu près, et à une altitude moyenne de 8,000 à 9,000 pieds au-dessus du niveau de la mer, une série de vallées et de collines toujours vertes et fraîches; des fleuves, des rivières, des chaînes de montagnes dont les flancs recouvrent des trésors et dont les sommets se couronnent de neige; çà et là, des villes populeuses, des villages, des cultures; partout une terre d'une fertilité rare. Depuis les céréales de toutes sortes que l'Europe récolte sans sortir de chez elle, jusqu'aux produits les plus recherchés que, d'ordinaire, il lui faut demander à de lointaines colonies, tout s'y rencontre ! L'intensité des chaleurs tropicales s'y trouve atténuée par l'élévation du sol; le climat y est salubre; les eaux courantes y abondent; des troupeaux innombrables y paissent des pâturages qui ne s'épuisent jamais; et le voyageur, en toute saison, peut marcher à l'ombre de bois d'oliviers, de jasmins, d'ébéniers et de mille autres arbres d'essences précieuses qui y croissent, puis y meurent, sans plus de profit pour l'insouciance de l'indigène qui les dédaigne, que pour l'industrie de l'Européen qui les ignore.

Nous campons au milieu du torrent, à l'entrée d'une gorge étroite qui nous laisse entrevoir, pour le lendemain, un amoncellement de roches éboulées, et les rampes presque abruptes qu'il nous faudra franchir. Au matin, lorsque Ibrahim vient pour plier ma peau de bœuf, il me montre, encore lobé entre le sac de mon révolver et l'endroit où reposait ma tête, un serpent de près d'un mètre de long qui, attiré sans doute par la chaleur de mon corps, était venu passer ainsi fraternellement la nuit sous le même oreiller que moi, sans que rien m'eût révélé sa présence. Médiocre incident pour de pareils voyages !

La grimpade commence aussitôt. Nous n'avançons qu'à grand'peine. Les difficultés de l'escalade sont énormes, et je crois, en effet, que le pied de nos chameaux, habitué aux plaines et aux sables, n'en viendra jamais à bout. C'est le Mamba. Nous en sortons cependant. Nous passons à Chagati, où nous voyons un campement de pâturages installé par des Chohos, et récemment abandonné.

Mes guides m'informent que les rebelles, insurgés contre Théodoros, viennent de faire leur apparition dans la contrée et qu'ils ont déjà saccagé plusieurs villages. C'est pour cela que les pasteurs s'empressent de s'éloigner et de rallier la côte. Ces renseignements leur ont été fournis par nos compagnons de la veille qui, eux, fidèles sujets du négus, rejoignaient aussi avec précipitation leur domicile. Les huttes désertes que nous avons sous les yeux, les cendres encore chaudes des foyers, confirment leur dire. Il faut nous tenir sur nos gardes.

Après avoir franchi de nouveaux cols difficiles et rocailleux, nous descendons dans un charmant petit vallon où, pour la première fois, j'ai quelque idée de ce que peut être une forêt vierge. Nous rencontrions tant de gibier sur notre passage que, d'ordinaire, j'attendais, afin d'éviter l'ennui du transport, les derniers moments avant la halte pour tuer mon dîner. Ce soir-là, rien !...

C'était, en action, la fable du héron de la Fontaine. Les francolins, les pintades, les gazelles de la matinée s'étaient évanouis, et en ce moment j'avais beau prêter l'oreille, ouvrir les yeux : silence complet, rien! rien! Et pourtant quelle faim ! Et quelle piètre régal pour un estomac de voyageur que les dattes sèches et la farine de dourah, dont je m'étais muni à titre de provisions, suivant l'expression dont on décore ces ingrédients là-bas !

Aussi, les fourrés épineux, les lianes enlacées, tout cela autant de chimères que je dédaignais, et, tête baissée, je m'élançais au travers. C'était bien le diable si je ne finissais pas par dénicher quelque chose... Imprudent! Une fois là dedans, il m'eût fallu le fil d'Ariane. Je tournais et retournais sur moi-même; toujours des branches qui me fouettaient la figure, ou de grands rameaux flexibles qui m'enlaçaient les jambes... Et par-dessus le marché, la nuit que je sentais venir...

Enfin, je me dégage, les arbres paraissent

s'élever au-dessus du sol ; il y a bien encore des pointes de roc, des fondrières et des épines dont il faut me méfier, mais je puis, du moins, me tenir debout et regarder en l'air. O bonheur ! je suis au milieu d'un bosquet de dattiers, et en levant les yeux, presque à l'instant où les ténèbres allaient tout à fait m'aveugler, je distingue, sur une des palmes les plus basses, un gros pigeon ramier... L'ajuster, le tuer et le ramasser, trois verbes bien près de se confondre en un seul.

En outre, mon coup de fusil avait donné l'éveil à mes gens qui me croyaient perdu. Quelques minutes après, l'un d'eux était près de moi, et guidés, de loin, par la lumière de notre feu, nous rentrions bien vite au bivouac.

Là, j'appris l'histoire de mes dattiers, assez étranges, en effet, à cette place. Un chef turc, vingt ou vingt-cinq ans auparavant, à la poursuite de quelques troupes de maraudeurs, et fatigué de courir inutilement, avait fait halte à Addi-Rasu. C'était le nom de l'endroit.

Tout en prenant son repas, il jetait çà et là, pensif, les noyaux des dattes qui en constituaient le menu. Le sol était fertile ; la rivière l'arrosait ; ils germèrent et donnèrent naissance au petit bois que je venais de quitter.

Mais la température d'Addi-Rasu est déjà trop basse pour cette essence, et si les arbres ont heureusement poussé, ils ne peuvent pas produire de fruits. J'eus froid, en effet, cette nuit, et quand nous partons, une petite pluie fine nous perce jusqu'aux os.

Toujours la même histoire pour l'itinéraire à suivre. Des gorges plus ou moins larges, des montagnes plus ou moins hautes, et tout le temps monter et descendre.

Tout en marchant, je blesse un antilope *besa* qui, du haut d'une colline, nous regarde passer. C'est un superbe animal, aussi gros qu'une vache et avec le mufle carré comme le sien. Mes gens ont beau se précipiter sur ses traces sanglantes; après deux heures de course, ils sont obligés d'y renoncer.

Dans la vallée d'Ali-Gueddè, je rencontre enfin des arbres à fruits. L'un, dont je ne sais absolument le nom qu'en langue indigène, s'appelle le *kousserett*. Il croît en assez grande abondance sur ce point. Sa feuille rappelle celle du sorbier, et l'arbre lui-même, bien qu'épineux, par sa forme ressemble beaucoup au pommier de Normandie. A voir son fruit, on jurerait une pomme en miniature. Gros comme une cerise, pourvu d'un noyau comme elle, par l'apparence et par le goût, c'est absolument une reinette. Les oiseaux s'en montrent friands, et, pour mon compte, cette fraîcheur et cette saveur qui me manquent depuis si longtemps me rendent tout heureux.

C'est incroyable à quel point, dans ces conditions d'existence, les satisfactions et les privations matérielles influent sur le caractère et sur le moral du voyageur. J'en ai presque honte, et je ne puis me défendre d'y revenir, en insistant sur ce phénomène naturel comme la cause exclusive de bien des défaillances et de bien des échecs. Je l'avais déjà expérimenté, en faisant la guerre, chez les soldats; mais je m'imaginais que l'énergie et l'éducation de l'homme pouvaient parvenir à dompter ces instincts de la brute. Erreur !

Plus loin, le kousserett disparaît, et tout à coup je m'arrête en extase au pied d'un arbre gigantesque. L'écorce du tronc est lisse, presque blanche; son feuillage, analogue à celui de nos noyers, est peu touffu. C'est le *baobab,* le géant de la végétation africaine. Les indigènes l'appellent l'arbre à pain, en raison de son fruit. Je cherche vainement à en ramasser à terre. Il n'y en a point, et ce n'est qu'après les plus grands efforts que mes gens, à coups de pierres, et en lançant leurs bâtons, finissent par en faire tomber deux ou trois.

C'est une très-grosse amande exactement, avec son enveloppe verte et rugueuse. L'intérieur rappelle celui de la grenade, lorsqu'elle n'est pas encore mûre : une série de pepins juteux comme les siens, dans de petites alvéoles séparées. Seulement, l'espèce de peau qui les renferme est farineuse, et les habitants recueillent cette substance pour la pétrir et en fabriquer du pain, — d'où le nom de l'arbre. Quant aux pepins, macérés dans de l'eau pure, ils produisent une boisson d'un goût légèrement acidulé, qui n'est point désagréable.

Ces baobabs croissaient disséminés dans la vallée. Quelques-uns des troncs étaient énormes. Je comptai vingt-sept de mes pas pour faire le tour de l'un deux. Ce fut le seul point de l'Abyssinie où j'en rencontrai. Un peu plus haut, nous n'en voyons plus.

Le vallon se resserre, la rampe s'accentue ; des cactus, droits comme des cierges, en tapissent les flancs. Les lieux prennent un aspect sauvage. Nous trouvons des traces de lions, d'éléphants et de panthères.

En effet, l'endroit est mal famé. On raconte plus d'une catastrophe dont il fut témoin. Nous allumons trois feux pour obtenir plus de lumière et tenir ainsi plus à l'écart les bêtes fauves. Et à peine le soleil est-il couché que, de tous côtés, éclatent les rugissements et les hurlements. C'est la première fois que j'entends la grande voix libre et menaçante du roi des déserts. Ma mule frémit et refuse sa nourriture; nos chameaux semblent inquiets et agités.

Pas d'accident, cependant. Nous avons fait bonne garde, et les feux ont été soigneusement entretenus.

Dans la journée, nouveau campement de pasteurs Chohos, abandonné comme le précédent et pour la même cause. Nous avons été favorisés jusqu'à présent; les rebelles ne se sont pas trouvés sur notre passage.

Plus qu'une nuit, et nous sommes à Hebo. Nous la passons dans un site sévère, à l'extrémité de la plaine de Selet, au milieu des rochers et des monts. Un froid très-rigoureux m'empêche de dormir.

Dans le voisinage, entre deux crêtes de montagnes, mes guides m'indiquent une mine de cuivre. Elle a été quelque peu exploitée par les indigènes; mais très-superficiellement. C'est à peine si, à de grands intervalles, certains chefs plus intelligents que d'autres y sont venus puiser le métal nécessaire pour les ornements de leurs armes ou les colliers de leurs mules.

Enfin, dernière muraille de rocs à franchir. De l'autre côté, est la vallée d'Hebo. Mais celle-là est la plus terrible. C'est une vraie falaise. Le sentier, à peine tracé, est affreux. Un faux pas, et nous sommes lancés dans des précipices sans fond. Des obstacles presque insurmontables surgissent à chaque instant. Il faut décharger les bêtes de somme. Les chameaux refusent d'avancer. Nous prenons le parti de les laisser en arrière avec les bagages, que l'on viendra chercher plus tard.

Grâce à cet expédient, nous finissons par atteindre le sommet sains et saufs. Ici, un plateau de peu d'étendue, mais d'un aspect saisissant. D'énormes blocs de granit amoncelés çà et là, au caprice des cataclysmes qui ont bouleversé ces régions, semblent autant de débris de forteresses ruinées, sur lesquels la sombre main des siècles aurait laissé son empreinte. Des maisons y sont adossées.

Construites de paille et de branches sèches avec une vérandah sur la façade, elles sont disposées de façon à profiter des avantages naturels que ménagent entre eux les vides de ces masses rocheuses. C'est le village d'Akrour.

Des champs cultivés attirent mon attention. Ce sont les premiers que je rencontre. Mais, en avançant, nous regardons vainement : là encore, personne. La guerre et le pillage y ont également passé. Les habitants sont réfugiés à Hebo.

CHAPITRE VII

Hebo. — La mission catholique. — Les prêtres et les religieuses indigènes. — Mgr de Jacobis. — Son tombeau. — Une ambassade française en Abyssinie. — Le Kantibah d'Halaï. — La justice des négus. — Route d'Hebo à Halaï.

Nous y touchons, à cette terre promise. Le lit du torrent de Ria-Gueddè va nous y conduire. Un peu d'eau courante y murmure, et des myriades d'oiseaux viennent y boire. Dans le nombre, j'en remarque de tout petits, tout petits, jaunes et verts, si petits que je me demande, à première vue, si ce sont bien des oiseaux ou des scarabées. Il souffle une légère brise à peine sensible, et cependant, incapables de lutter contre elle, ils se laissent emporter comme des feuilles, ou plutôt comme des fleurs ailées. A trois heures et demie, nous débouchons dans la vallée d'Hebo.

L'église catholique est bâtie en avant sur une petite éminence. Elle s'aperçoit de loin et semble vous souhaiter la bienvenue. Tout près, la maison de la mission, et un peu plus bas, au second plan, le village.

Je ralentis le pas et dépêchai un de mes hommes pour annoncer mon approche au Révérend Père Delmonte. Une demi-heure après, mon messager revenait. Il était accompagné d'un indigène enveloppé d'un large *quârri* blanc comme la neige, et la tête ceinte d'un épais turban de mousseline d'une couleur non moins immaculée. Cette coiffure, en Abyssinie, est l'attribut particulier du sacerdoce. Prêtres catholiques et cophtes la portent également. Le reste de la population, nobles et vilains, grands et petits, va nu-tête.

Celui qui venait à moi m'apprit que, depuis deux jours, leur Père supérieur se trouvait à Halaï, mais qu'en prévision de mon arrivée il avait laissé des instructions pour que je fusse reçu et hébergé. Ce prêtre parlait quelques mots d'italien, et si la conversation ne pouvait être bien longue, elle me permettait, du moins, de me renseigner suffisamment.

Il me conduisit dans une petite maison, au flanc de la colline, derrière l'église, bâtie en maçonnerie, dans le style européen, avec un étage auquel on parvenait par un escalier extérieur. C'était là que logeaient les ecclésiastiques européens lorsqu'ils venaient à Hebo. Les indigènes occupaient une demeure à part un peu plus loin. Du reste, les quatre murs nus blanchis à la chaux, deux chaises et un vieux canapé de paille : voilà tout le luxe.

Mais la vue qu'on embrassait de la porte d'entrée, lorsqu'on se retournait pour contempler le paysage, était ravissante. Tout le cirque d'Hebo, entouré de montagnes comme une arène antique de ses gradins de pierre, se déroulait à mes pieds. A droite, la gorge du Ria-Gueddè, que j'avais suivie; à gauche, les cabanes du hameau s'étageant jusqu'auprès du ruisseau qui coupe, de l'est à l'ouest, la vallée en deux; puis des cultures partout. Ce coup d'œil reposait et charmait le regard.

Je m'y oubliai longtemps; et, peu à peu, pendant qu'ainsi emportée sur l'aile des souvenirs, je laissais ma pensée remonter à d'autres scènes, bien éloignées, hélas! le jour s'enfuyait, les troupeaux rentraient à l'étable, les paysans regagnaient leur toit de chaume, et la cloche entonnait l'*Angelus*.

Comme ces tintements argentins m'allaient au cœur! Je me sentis tout d'un coup plus près de la famille, plus près de ma mère. Pour échapper à l'émotion qui me gagnait, je descendis. Je me rendis d'abord à la chapelle. Bien modeste édifice, en vérité. Deux fresques naïves, représentant une Madone et un saint Georges ou saint Michel quelconque, en constituaient, avec l'autel, l'unique ornement. Elles étaient l'œuvre de l'un des prêtres indigènes de la mission. On y remarquait de la couleur et de l'expression, mais la perspective y faisait totalement défaut. Puis, je me mêlai à la foule.

Tous ces travailleurs paraissaient bien portants et satisfaits. Moins bien dotés par la nature que les fortunés habitants de l'Abyssinie centrale, ils sont obligés de déployer plus de labeur pour demander à leur sol les riches récoltes que, cependant, il ne leur refuse jamais. En passant à côté de moi, ils faisaient le signe de la croix. C'était leur salut à eux. Et sur cette terre lointaine, au sortir de tous ces pays musulmans où je me débattais depuis près de huit mois, l'éloquence sereine de ce salut fraternel et simple me faisait plus de plaisir, je vous assure, que tous les salamalecs intéressés ou solennels dont les fidèles croyants m'accablaient naguère. Il me semblait que je me retrouvais chez moi.

La mission de mes guides chohos et des chameliers était terminée. Après un jour de repos, ils allaient prendre congé de nous. Je ne voulus pas les laisser partir sans leur accorder un témoignage de ma munificence, et le lendemain, au prix exorbitant de *trois* thalaris, c'est-à-dire 15 fr. 90 cent. environ, je leur achetai une vache.

Mes domestiques, bien entendu, devaient prendre leur part du régal. Mais une demi-heure après la remise de ce présent, voilà qu'au lieu de cris de joie, j'entends tout à coup une dispute. Un couteau à la main, le soldat du nahib et l'un de mes deux domestiques chrétiens gesticulaient et se chamaillaient à qui mieux mieux, l'animal entre les deux.

J'interviens, je m'informe. Et alors j'apprends que le musulman veut occire la bête conformément aux préceptes de sa foi, en se tournant du côté de la Mecque et murmurant je ne sais quelle prière, tandis que le chrétien, lui, veut exécuter la même opération à sa manière, le visage du côté de Jérusalem et une oraison sur les lèvres.

La question est capitale. Car, de la viande tuée par le musulman suivant son rit, le chrétien ne peut manger sous peine de perdre *ipso facto*, à l'instant, tous les effets de sa religion et devenir lui-même un fils de l'Islam; d'autre part, d'une vache égorgée par une main chrétienne, le sectateur de Mahomet ne peut consentir à souiller son appétit, sans s'exposer à tous les supplices dont le Coran menace les apostats... Pour couper court au débat, et ne donner tort à personne, j'achetai une seconde vache.

Cette mesure prise, je savais ce qui m'attendait. Les uns et les autres allaient manger, manger tant qu'il y aurait de quoi, plusieurs heures consécutives, probablement. Puis ils auraient à digérer... Tout cela demandait bien vingt-quatre heures.

Autant, en effet, l'indigène est patient et résigné lorsqu'il n'a rien à se mettre sous la dent, autant il se gorge lorsqu'une heureuse aventure lui permet de s'en donner sans contrainte. L'heure présente existe seule pour lui. Prévoir est un mot qui n'a pas de sens. Mais rien n'est surprenant comme la facilité inconsciente avec laquelle il passe sans transition de l'abondance à la disette. J'ai vu, comme dans le cas dont je parle, mes hommes, à cinq ou six, faire disparaître une vache entière et en ronger les os de manière à rendre des points aux chiens les plus affamés; puis, les mêmes individus rester deux et trois jours de suite, sans se plaindre, avec un peu d'eau et quelques grains de dourah pour toute subsistance.

Pendant qu'ils faisaient ripaille, j'allai visiter, au haut du village, une sorte de couvent de religieuses. C'étaient quelques femmes catholiques du Tigré qui, jadis, persécutées et chassées de leur pays, s'étaient réfugiées à l'ombre du sanctuaire d'Hebo pour y vivre en communauté. Ainsi que l'autorise le rit catholique abyssin, sur les quatre prêtres indigènes de la mission, trois étaient mariés. Leurs femmes se réunissaient d'ordinaire à celles-là pour suivre les mêmes exercices de piété.

Le nombre est grand, d'ailleurs, dans toute l'Abyssinie, des femmes qui, à un moment donné, embrassent la vie religieuse sans renoncer absolument au monde. Tout en continuant, au contraire, à affronter le péril de ses tentations, elles se soumettent à certaines règles et à certaines pratiques dont les allures monastiques impriment à leur situation personnelle un caractère sacré devant lequel se prosterne le vulgaire. Ce n'est pas, cependant, qu'une austérité de mœurs excessive les y pousse, et ce sont plutôt celles qu'a signalées, jusque-là, une amabilité peu farouche, dont l'indulgence de l'Église accueille le tardif repentir.

Mais elles ne se résignent guère à ce parti, auquel elles devront désormais une considération prête à les fuir, que lorsque l'âge et la disparition de leurs grâces leur en ont indiqué le chemin.

A l'encontre des femmes des pays plats et chauds du reste de l'Afrique, où le climat qu'elles habitent et le régime qu'elles suivent les prédisposent à un embonpoint, sinon à une obésité, précoce, l'Abyssinienne, au moment d'atteindre cette époque critique, devient, elle, un phénomène prodigieux de transparence et de maigreur.

C'est, en général, sur cet indice révélateur et menaçant que nos chanoinesses se décident. car c'est ce titre de notre société européenne, avec toutes les idées qu'il éveille, qui leur convient le mieux. Aussi, je ne sais plus quel philosophe du cru disait, un jour, en parlant d'elles :

— Elles donnent leur chair au diable et leurs os à Dieu.

Celles d'Hebo n'appartenaient pas à cette catégorie. C'étaient de bonnes et simples femmes, menant une existence régulière et monotone, priant Dieu, s'occupant de leurs petites cultures ou de la confection de leurs vêtements. Sous le quârri, elles étaient couvertes de longues chemises ou robes en toile légère, leur tombant du col à la cheville. On les voyait circuler silencieusement, à toute heure, autour de la chapelle, comme autant de fantômes blancs. Le tombeau de Mgr de Jacobis était l'objet de leurs soins les plus assidus.

Ce monument bien simple, en pierres plates, s'élevait auprès de l'église. C'était là que dormait alors du sommeil éternel le fondateur des missions catholiques en Abyssinie. Venu en 1840, il n'avait, pendant vingt ans, cessé de donner autour de lui l'exemple de toutes les vertus et de tous les courages. Devant son zèle et devant sa foi, pas de distinction de religion ou d'origine. Tous les malheureux étaient ses frères, les pauvres ses enfants. Musulmans et chrétiens le vénéraient comme un saint et entourent, aujourd'hui, sa mémoire d'un culte que le temps n'a pu affaiblir. Lorsqu'il mourut, ce fut un deuil universel, et les détails de ce tragique événement m'intéressèrent d'autant plus qu'il se rattachait à un fait où le nom de la France se trouvait mêlé.

Quelques années auparavant, en effet, l'Abyssinie était, comme toujours, comme à l'époque où j'y voyageais moi-même, le théâtre de luttes acharnées et de compétitions sanglantes entre les divers prétendants au trône des négus ou les grands feudataires. Théodoros n'était pas encore maître absolu de l'Éthiopie. Malgré le titre de Roi des rois qu'il s'était arrogé, sa puissance était loin d'être reconnue partout, et dans le Tigré, entre autres, la province la plus voisine de la mer, Négousié, descendant de la race royale, s'était proclamé roi, et guerroyait avec quelque bonheur contre lui.

Homme intelligent et relativement instruit, ce dernier, se rendant compte des difficultés qu'il avait à vaincre, comprit la supériorité que lui donnerait une alliance étrangère et chercha à s'en ménager une. Celle de la France catholique, la patronne et la protectrice de tous les chrétiens de l'Orient, devait être la première vers laquelle il eût à se tourner.

Il la sollicita, et après s'être entendu avec notre agent à Massaouah, envoya une ambassade à Paris. Trois personnes la composaient : un prince, parent même de Négousié, chef de la mission, qui mourut, par malheur, en revenant, dans la traversée de la mer Rouge; puis un interprète sur lequel je ne possède que de vagues renseignements; et enfin, un prêtre indigène nommé Abba-Emnatu, esprit fin, subtil et délié, que je retrouvai encore en Abyssinie, et avec qui j'eus fréquemment à causer des incidents de son voyage.

Il en avait rapporté deux choses : comme insigne matériel, une croix éthiopienne en or, enrichie de perles et de pierres précieuses, présent de la cour des Tuileries; dans un autre ordre d'idées, une impression profonde de l'aspect imposant des pompes pontificales dont il fut témoin, lorsqu'en passant par Rome il alla se prosterner aux pieds du Saint-Père, et un enchantement sans fin des splendeurs éblouissantes du ballet de l'Opéra, qu'il put, un soir, contempler à l'aise, du haut de la loge impériale. Ces deux réminiscences alternaient volontiers dans le cours de ses récits, et je ne sais trop laquelle excitait le plus sa vive admiration.

Toujours est-il qu'Abba-Emnatu revint transporté et dévoué corps et âme à notre alliance. A défaut d'autres engagements plus immédiats dont la portée s'évanouissait avec la mort du prince, le personnage le plus important, sinon le plus habile, de l'ambassade, il pouvait, du moins, transmettre à son souverain, de la part du gouvernement français, une promesse formelle,—celle d'envoyer, à son tour, une mission avec les pouvoirs nécessaires pour conclure un traité définitif d'amitié entre les deux pays, et régulariser la teneur des conventions dont le programme, soumis à Paris, n'avait été accepté qu'en principe.

Elle arriva, en effet, et, vers la fin de 1860, un navire mouillait dans le port de Massaouah amenant le capitaine de vaisseau Russel. C'était cet officier supérieur qu'avait choisi le ministre pour se rendre auprès de Négousié et conclure avec lui les derniers arrangements.

Mais les temps n'étaient plus heureux pour ce pauvre prince, et en Abyssinie comme ailleurs, la fortune ne se range pas toujours du côté du bon droit. Battu et refoulé dans un canton reculé du Tigré, il avait vu ses derrières tournés, et ses communications coupées avec la mer.

Malgré les conseils que Négousié parvint à lui faire tenir, le commandant Russel ne voulut pas s'arrêter devant cette situation. Ses instructions lui enjoignaient d'aller au roi. Il résolut de s'y conformer quand même, et, sous l'escorte de douze matelots, suivi d'un médecin et d'un autre officier, il s'engagea dans les défilés qui mènent au plateau éthiopien.

Au bout de quatre jours de marche, il atteignait Halaï...

Halaï, situé à 2,000 mètres environ au-dessus

du niveau de la mer, est le premier village abyssin qu'on rencontre, par cette voie, en quittant le littoral, et, de plus, était à cette époque la principale station de la mission catholique. M. Russel y fut reçu par Mgr de Jacobis. L'influence du nom de l'évêque parmi les populations qu'allait aborder l'officier français, sa longue expérience de leurs mœurs, de leurs préjugés, de leurs usages, en faisaient, pour celui-ci, un auxiliaire précieux. Par lui, le commandant acquit bien vite la conviction que les craintes de Négousié n'avaient rien d'exagéré. Halaï, il est vrai, relevait toujours de lui; mais tous les environs étaient infestés des bandes de Théodoros, dont, d'un moment à l'autre, l'union pouvait amener de sérieux périls, et opposer d'insurmontables entraves aux projets de l'envoyé français.

Cette fois, il fallait absolument se résigner à un délai fatal. Négousié, du reste, aussitôt prévenu, se proposait d'en abréger la durée en concentrant toutes ses ressources et toute son habileté dans une tentative désespérée, pour se rapprocher lui-même des étrangers.

Mais les Impériaux avaient eu, eux aussi, connaissance de leur séjour, et une nuit, le village d'Halaï est investi et envahi par des forces considérables. Faits prisonniers, le commandant Russel et les siens sont sur le point d'être emmenés chargés de chaînes auprès du négus. La voix respectée du prélat se fait alors entendre. Il se porte garant de la bonne foi et des intentions conciliatrices de ses hôtes. Puis, à la faveur des ténèbres, nos marins parviennent à s'échapper et à regagner les sentiers escarpés du Tarenta, d'où ils retournent à Massaouah, et l'on remet à la voile, quelques jours après, sans que le commandant ait pu même voir le prince près duquel il était dépêché.

Tel est l'historique, et telle fut l'issue de cette campagne diplomatique trop peu connue en France. Ce qu'il y a de bien moins connu encore, c'est l'étendue des priviléges que Négousié nous concédait spontanément, et dont le principal objet de la mission française, aux yeux des Abyssins, était de ratifier l'acceptation solennelle.

En dépit des prétentions peu justifiées des Turcs à la possession des bords de la mer Rouge jusqu'au détroit de Bab-el-Mandeb, et malgré les lambeaux du pavillon qu'ils ont plantés çà et là sur certains points du littoral, en affirmation de leur conquête oubliée et de leur domination nominale, les souverains de la haute Éthiopie n'ont jamais cessé de regarder ces côtes comme partie intégrante de leurs domaines, et ne laissent échapper aucune occasion de revendiquer leur prérogative par de menaçantes protestations, ou de la soutenir par de sanglantes représailles. Or, en vertu de sa royale puissance, héritier des droits imprescriptibles du vieux trône éthiopien, Négousié, maître absolu de ces terres, aussi bien des sommets élevés du plateau que des rivages battus par les eaux de la mer, Négousié, disons-nous, comprenant qu'il fallait à ses futurs alliés un abri toujours prêt aux confins de son royaume, pour lui apporter les secours sur lesquels il comptait, avait formellement cédé à la France la pleine possession de la baie d'Adulis et de l'île de Dessé.

A la suite des incidents que je viens de raconter, le traité qui devait en consacrer le principe définitif en resta là, ai-je besoin de l'ajouter? Mais il se produisit d'autres conséquences d'un plus triste caractère. Les gens de Théodoros, furieux de voir leur échapper la petite troupe européenne, en rendirent responsable l'infortuné Mgr de Jacobis, et l'accablèrent de mauvais traitements. Ils allèrent jusqu'à vouloir le conduire captif auprès de leur maître, et l'entraînèrent avec eux en s'éloignant d'Halaï.

A pied, par une chaleur dévorante, souffrant de la faim et de la soif, l'évêque arriva ainsi à Tokounda. Là, les habitants indignés s'ameutèrent, et, se précipitant sur les soldats du Négus, ils leur arrachèrent leur victime.

Hélas ! la délivrance venait trop tard. D'une constitution déjà faible et minée par les privations, Mgr de Jacobis se rendit à Massaouah pour tâcher de se remettre de ses dernières épreuves. Il y mourut. Ses prêtres l'ensevelirent dans leur église.

Mais, au bout de quelque temps, émotion générale et profonde dans toute la contrée ! Ce peuple du Tzana-Deglè qu'il avait évangélisé, tous ces musulmans et tous ces chrétiens des provinces environnantes qu'il avait tant de fois édifiés du spectacle de ses vertus ou secourus indistinctement des efforts de sa charité, tous, à défaut de leur pasteur vivant parmi eux, réclamèrent du moins son corps comme une relique sacrée, et l'allèrent en foule chercher à Massaouah.

Il fallut bien le leur livrer. On l'emporta triomphalement à Hebo, et quelque temps après, il reposait au milieu de ses enfants, comme il les appelait naguère, sous le rustique mausolée qu'ils lui ont élevé.

Confié à la garde de ceux-là mêmes que sa parole avait arrachés jadis à l'hérésie pour en faire les instruments zélés de la foi catholique, ce lieu était devenu rapidement un but de pèlerinage universel, et Mgr de Jacobis était aussi bien un saint incontesté aux yeux des sectateurs de l'Islam que pour les adeptes de l'Évangile. Les uns et les autres citaient déjà des miracles dus à son intercession et accomplis à leur profit.

Aussi fallait-il, de la part de son successeur provisoire, une excessive prudence pour modérer les écarts de crédulité naïve dont l'excès eût pu fournir des armes aux ennemis de son apostolat, tout en maintenant, comme il convenait, à une hauteur légitime le respect dû à la mémoire du vénéré défunt. Plus que tous, les prêtres indigènes surtout, naturellement enclins à une exagération d'accord avec leurs sentiments de reconnaissance personnelle, demandaient à être surveillés sans relâche. C'était là un des principaux motifs des séjours répétés que le Père Delmonte faisait au milieu d'eux, et je crus reconnaître qu'en revanche certaines comparaisons désavantageuses ne lui étaient pas épargnées... N'est-ce pas, un peu partout, le sort commun des successeurs ?

Cette fois, des soins d'un autre genre l'avaient appelé à Halaï. Après deux jours de repos à Hebo, je me disposais à aller l'y rejoindre, lorsque je reçus une lettre de lui, par laquelle il me priait de hâter mon départ, si je tenais à le rencontrer, parce qu'une épidémie de petite vérole sévissait, en ce moment, dans un village catholique voisin, et qu'il était sur le point de s'y rendre.

Le courrier chargé de cette missive n'était autre que le *Kantibah* d'Halaï, c'est-à-dire une sorte de personnage cumulant à la fois les fonctions de maire et de juge de paix.

Chaque village de quelque importance est doté d'un de ces magistrats qui ne dépend que du gouverneur de la province. Dans les mains de ce dernier, comme dans celles de ses représentants, se concentrent tous les pouvoirs. Autorité administrative, militaire et judiciaire, tout relève de lui. Seulement, les traditions patriarcales du gouvernement des négus ont gardé, pour tout homme libre qui se croit lésé par une mesure ou une sentence inique, le droit de recourir directement, en pareil cas, à la suprême justice du souverain.

— J'en appelle à l'Empereur ! Telle est la formule consacrée.

Et, à moins d'être un de ces hauts barons rebelles qui se rient de la majesté impériale, et sont assez forts pour la braver, nul ne peut se soustraire à son contrôle redoutable.

Une ou deux fois par an, en parcourant ses États, le négus, dans les lieux les plus fréquentés, tient ainsi des assises publiques. Sur son trône, au sommet d'une terrasse recouverte de tapis, il domine la foule prosternée ou accroupie devant lui. Tous, comme de saint Louis sous son chêne, peuvent s'en approcher, et exposer leurs griefs. L'arrêt tombé des lèvres impériales, il ne reste plus qu'à l'exécuter, et sans retard. Parfois il est rigoureux, et humbles ou puissants ont à le craindre. Au temps de Théodoros, une fois l'Empereur parti, les abords de son prétoire retentissaient fréquemment des cris de douleur des condamnés. Des poings et des pieds coupés jonchaient le sol. C'était la peine la plus ordinaire infligée aux peccadilles. D'autres avaient la tête tranchée. Mais généralement, l'impartialité la plus inflexible dictait ces châtiments.

Le kantibah d'Halaï, qui allait me servir de guide, se nommait Ouelde-Gœrgis; et après avoir été, à l'origine, un chrétien cophte ardent contre les missionnaires catholiques, il s'était ensuite tourné vers eux et converti, dès qu'il y avait reconnu bénéfice. Plus tard, je l'ai vu mourir à Arkiko, se proclamant musulman sur le seuil de la tombe, je ne sais trop pourquoi. Avec son œil unique, car il était borgne, mais toujours en mouvement, ses manières insinuantes, on devinait un madré compère, bien avec tous les partis et prêt à faire le signe de la croix ou à invoquer le Coran, suivant les besoins du moment. Il m'amenait deux ou trois serviteurs, et des bœufs pour porter mes bagages. Nous nous mimes aussitôt en route.

Quels sentiers, grand Dieu ! Ceux qui m'avaient conduit à Hebo étaient des avenues du bois de Boulogne auprès de ce que j'allais suivre pour gagner Halaï. Fondrières ou précipices, murailles perpendiculaires ou casse-cou à se rompre les os, il n'y avait pas à sortir de là. Les bœufs eux-mêmes, par moments, refusaient d'avancer. Il fallait les décharger pour les recharger, et recommencer vingt pas plus loin.

Nous couchâmes à mi-chemin environ des deux villages, dans une espèce d'entonnoir, sur les bords d'un petit torrent dont l'eau tombait, en cascades mugissantes, de la cime des montagnes qui surplombaient de tous côtés. L'œil les distinguait à peine sous le fouillis d'arbustes fleuris qui, des deux bords, se rejoignaient pour former au-dessus comme une voûte odorante. Sur une même tige, la corolle épanouie des fleurs s'entremêlait aux graines déjà mûres. Je cueillis de celles-ci; et comme le site agreste me rappelait à s'y méprendre l'aspect d'un de nos paysages du Dauphiné, je les envoyai à ma sœur pour qu'elle les semât chez elle, dans des conditions de climat et d'humidité analogues. Mais jamais elles ne germèrent.

Debout de bonne heure après une nuit glaciale, nous nous heurtons bientôt aux mêmes obstacles que la veille. Ce ne sont plus des pentes, ce sont des échelles. Cette fois, les bœufs s'arrêtent définitivement. Nous les laissons. D'Halaï nous enverrons des hommes qui se partageront leurs charges en menus fardeaux, et finiront ainsi, nous l'espérons, par les transporter sains et saufs.

Vers le soir, nous atteignons enfin la crête des plateaux, et pour la première fois depuis que j'ai abordé cette partie de l'Afrique, parmi toutes ces variétés d'arbres et de plantes qui, tour à tour, ont défilé sous mes yeux, j'en aperçois dont le feuillage m'est familier. C'est le pin alpestre. Il y en a là des centaines, isolément ou en bouquets. On le jurerait, voilà un coin des Alpes! Le ciel gris, l'air froid complètent l'illusion. Nous marchons un peu plus vite. Bientôt nous entendons les clochettes des troupeaux, nous distinguons des maisons sur un coteau. C'est Halaï.

CHAPITRE VIII

Halaï. — Les rebelles et les lieutenants de Théodoros. — Mon installation provisoire. — Les saints de la religion cophte. — Aspect du plateau éthiopien. — Les Ambas. — La féodalité abyssine. — Théodoros et les Européens.

Halaï est une des stations les plus importantes de l'Abyssinie. A cheval sur la crête du plateau éthiopien et les gorges du Tarenta, elle commande absolument la grande route des défilés de l'Addas qui conduit à la mer. Tout ce qui y va ou ce qui en vient est obligé de passer par là. D'ordinaire, à l'aller comme au retour, les caravanes commerciales s'y arrêtent.

Lors de l'expédition anglaise, en 1867, quelques centaines d'hommes résolus, habilement disposés et bien dirigés, eussent pu, là, anéantir l'envahisseur. A défaut d'autres armes, des pierres, des quartiers de roc, roulant d'une hauteur de trois à quatre mille pieds, le long des rampes presque verticales de la montagne, dans ces ravins étroits, sur ces sentiers escarpés, eussent balayé comme une trombe toute l'armée et ses machines de guerre.

Ce devait être un lieu d'établissement tout indiqué pour une entreprise comme la mission catholique, exposée à tous les caprices de la foule ou du pouvoir, et obligée de se maintenir constamment à portée d'un refuge. Aussi, que de fois, depuis leur installation, ses prêtres ne se sont-ils pas vus contraints de déguerpir à la hâte et de se jeter, la nuit, sur le chemin de Massaouah!...

Aujourd'hui sujets du négus respecté, demain d'un rebelle heureux, ses habitants, au milieu de l'anarchie qui règne en Abyssinie, soucieux, avant tout, de préserver leurs biens et leurs personnes, en sont arrivés, en fait de politique non moins que de religion, à un éclectisme de haut goût. Amis des uns et des autres, ils sympathisent aussi bien, à l'occasion, avec le Choho musulman qu'avec le Tigréen cophte ou le montagnard catholique.

Au moment où j'arrivai parmi eux, malgré l'état d'effervescence des contrées environnantes, c'était encore la puissance du négus qui y était reconnue sans conteste. J'étais bien chez Théodoros. Peut-être que le voisinage de l'Hamacen, où son gouverneur, Dedjatch Haïlou, tenait haut et ferme, avec une fidélité inébranlable, le drapeau impérial, y était-il pour quelque chose.

Une amitié de longue date, qu'il n'avait jamais trahie, rattachait cet homme à son maître. Il avait perdu un œil en combattant à ses côtés, et le négus, après lui avoir d'abord conféré la dignité de *Dedjatch*, lui avait confié le gouvernement d'une de ses provinces les plus riches et les plus considérables, sachant bien qu'il pouvait compter sur lui.

Il existe, en effet, dans la hiérarchie féodale éthiopienne, des titres dont la signification renferme une frappante analogie avec ceux de notre histoire. Celui de dedjatch correspond tout à fait à la qualification de margrave. Comme ce dernier, le personnage qui en est investi est chargé de la surveillance et de la défense d'une frontière, en même temps que cette qualité, exclusivement individuelle, lui confère auprès du monarque de hautes prérogatives.

Au-dessus, est le *Dedjatchmatch* ou *duc*. C'est la dignité la plus élevée et la plus enviée. Il n'en est qu'un très-petit nombre qui en soient revêtus, et nul ne l'obtient avant d'avoir d'abord été dedjatch. C'est ainsi que, durant mon séjour, en récompense des services nouveaux et signalés qu'il avait rendus, Théodoros accorda cette haute distinction à Haïlou, qui dès lors, conformément à l'usage, ne fut plus appelé que *Dedjatchmatch Haïlou.*

Bien qu'administrativement Halaï fît partie du Tigré et relevât, en règle, du gouverneur d'Adoua, comme celui-ci, nommé Goubesié, s'était depuis quelque temps révolté et tenait la campagne, c'était pour le moment celui de l'Hamacen qui de loin y commandait. La sécurité semblait, du reste, régner aux alentours; rien ne dénotait aux yeux du voyageur une agitation qui pût l'alarmer, et lorsque j'approchai du village, l'aspect m'en parut aussi calme et aussi paisible qu'à Hebo.

Les maisons, en maçonnerie pour la plupart, s'étageaient au flanc d'un coteau, sans ordre, au gré de la fantaisie des propriétaires. Presque tous, profitant de la conformation géologique des lieux, avaient appuyé leurs demeures mêmes contre le sol en pente.

Il ne s'en dégageait qu'une façade plus ou moins large, avec des murs latéraux, tandis qu'à une profondeur variable, elles s'avançaient sous terre, agrandies, par ce procédé, de tout un espace obscur, propre à répondre aux exigences de l'habitation. Partout où la configuration du terrain le permet, cette disposition troglodytique se retrouve dans les villages du Tigré. Nous l'avons déjà rencontrée au hameau d'Akrour. Ailleurs, elles sont généralement de forme ronde avec un toit pointu, comme des ruches d'abeilles.

Le kantibah qui m'accompagnait me mena tout droit à la maison de la mission. Celle-là était construite à l'européenne, avec un étage supérieur. Je fus introduit dans une salle basse et m'assis sur un escabeau de bois.

J'étais là depuis quelques instants, lorsque tout à coup une voix d'homme qui me saluait en français me fit tressaillir.

— Bonjour, monsieur, me disait-on.

Je levai les yeux. Ce n'était pas le Père Delmonte. J'avais devant moi un prêtre indigène, la tête couverte du turban traditionnel, et la figure aussi noire que celle des gens qui m'entouraient. C'était le Père Zacharie, néophyte élevé jadis au collége de la Propagande à Rome, et revenu depuis, après son ordination, pour évangéliser à son tour son pays natal. Il s'exprimait parfaitement en français et en italien, et pouvait avoir de quarante-six à quarante-sept ans lorsque je le vis.

En peu de mots, il m'expliqua qu'une fois

de plus ma rencontre avec le Père Delmonte devait être ajournée. Sur un message très-pressant de la tribu victime de la petite vérole, le Révérend Père avait dû, le matin même, se rendre sans délai parmi elle. J'acceptai l'explication pour ce qu'elle m'était donnée; mais après réflexion, j'ai toujours soupçonné que ces deux fugues successives n'étaient pas toutes fortuites ni sans calcul. Je suppose, au contraire, que le rusé Italien, ne sachant au juste quelle conduite tenir à mon égard, redoutant la vengeance des uns comme des autres, suivant le parti que j'allais prendre ensuite pour me rendre auprès de Théodoros ou de Goubesié, avait jugé plus prudent d'esquiver ma visite et de se dégager ainsi, par avance, de toute la part de responsabilité qu'on n'aurait pas manqué de lui attribuer plus tard dans cette démarche.

Ce qui me confirma dans cette opinion, c'est que le Père Zacharie, dès notre premier entretien, me conseilla, en raison des difficultés auxquelles allait se heurter mon voyage, des dangers que ma vie pouvait courir à travers les bandes armées du rebelle ou les soldats impériaux, de rentrer sans plus d'hésitation à Massaouah.

— La saison est bonne, ajoutait-il. C'est celle des pluies et de la fraîcheur. Vous n'y serez pas mal et vous pourrez, sans péril, attendre d'y voir un peu plus clair dans les affaires de l'Abyssinie, avant de vous décider à poursuivre vos projets.

Ce langage, je ne le cache pas, n'était pas sans me jeter dans une perplexité grande. Ignorant de l'état réel des choses, dans un pays inconnu, isolé, sans appui, je ne savais à quoi me résoudre. Une idée me vint. Plus d'une fois, à Massaouah ou ailleurs, chez notre agent consulaire, chez les missionnaires, j'avais entendu faire un sérieux éloge des qualités et du caractère de Dedjatch Haïlou. Je résolus de m'adresser à lui, de l'informer de ma présence à Halaï, de mon intention de pénétrer plus loin, et de solliciter, à défaut d'aide directe, des conseils que, du moins, sa bienveillance ne me refuserait pas.

Après un débat animé avec le Père Zacharie, je dépêchai un exprès chargé de porter la lettre qu'il avait bien voulu m'écrire dans ce sens, à Hâsaga, résidence du gouverneur de l'Hamacen. C'était un délai de cinq à six jours. La réponse d'Haïlou ne pouvait me parvenir plus tôt. Je me mis, pour l'attendre plus confortablement, à la recherche d'un abri, et au bout de quelques instants, j'étais entré, à cet égard, en arrangement avec un vieux brave homme chez lequel avait déjà habité, dans le temps, M. Michel d'Abbadie.

C'est, en effet, sous ce prénom qu'est encore désigné, à l'heure qu'il est, en Abyssinie, l'aîné des deux frères d'Abbadie, bien qu'en réalité il s'appelle Arnaud. Mais Michel, aux yeux des Abyssins, est d'une bien autre valeur. Arnaud ne signifie rien, tandis que l'appellation qui lui a été substituée rappelle, au contraire, un des favoris du ciel les plus influents et les plus vénérés. Car Dieu ne jouit auprès d'eux que d'une considération secondaire et d'un crédit restreint. Si leurs prières mentionnent quelquefois son nom, elles ne s'adressent que bien rarement à lui. La Vierge Marie et les saints, deux saints surtout, saint Michel et saint Georges, en dehors des saints exclusivement nationaux, tels que le fameux Thekla Haïmanot, l'apôtre indigène de l'Éthiopie, voilà les vraies puissances célestes avec lesquelles il est intéressant de se maintenir en bon accord. Aussi les Mikaël (Michel) et les Gœrguis (Georges), les Ouelde-Mikaël (fils de Michel) et les Ouelde-Gœrguis (fils de Georges), abondent-ils dans les familles.

Mon hôte était un Gœrguis. A peine étais-je installé dans son hangar, loué par parenthèse assez cher, qu'il m'apportait triomphalement une carabine que son ami Mikaël, de retour en France, lui avait envoyée à titre d'affectueux souvenir. J'admirai, bien entendu, le cadeau ; mais cette exhibition avait un but. Depuis longtemps, le bonhomme ne possédait plus ni poudre ni balles pour s'en servir. C'était un appel à ma munificence. Je m'exécutai, et un sac de balles avec une livre de poudre anglaise, bien inférieure, disons-le incidemment, à la nôtre, me concilièrent à jamais ses bonnes grâces.

Les mules devaient partager fraternellement avec moi l'étable ouverte qui m'était assignée ; il les fit un peu reculer dans le fond. Lui-même se retira, avec les siens, auprès d'elles, m'abandonnant tout le reste. Puis je m'établis, mes bagages et un angareb pour tout mobilier, sur le devant, afin d'avoir plus d'air, et de jouir en même temps plus à l'aise du tableau pittoresque et du paysage agreste qu'embrassait mon regard.

A partir du village, le vallon, tout tapissé de verdure, descendait, en mourant, jusqu'à un petit ruisseau dont les flots chantaient sur les cailloux pour aller, vers la droite, retomber en blanches cascatelles dans une ravine plus profonde. Sur l'autre rive, le terrain se relevait. Des cultures et quelques maisons disséminées çà et là l'égayaient. Les murs blancs d'une chapelle miroitaient au soleil. A chaque instant, des pâtres avec leurs troupeaux, des paysans d'Halaï ou des environs, des femmes, leur cruche sur la tête pour puiser de l'eau, passaient et repassaient, animant cette scène et lui donnant une vie dont, sur la route que je venais de suivre, j'avais, jusqu'à présent, vu si peu de vestiges. Ce spectacle réjouissait à la fois et l'œil et la pensée.

Puis au delà, bien au delà, comme une mer d'ondulations moutonneuses, s'estompant de tous les tons du jour, pour s'éteindre plus loin encore dans la brume confuse d'un horizon montagneux et sans fin.

Le plateau éthiopien, en effet, est loin de présenter le coup d'œil monotone d'une surface unie se profilant sans variété et sans effort. C'est plutôt une succession de vallées et de collines coupées par des rivières ou même des fleuves, les premières se développant, par ci, par là, en vastes plaines, les secondes s'exhaussant en cimes escarpées. Tout d'un coup même, au-dessus de cet ensemble mouvementé, dominant les unes et les autres, se dresse parfois, droit et net, un pic inaccessible. L'arête des contours en est plus vive, la forme plus altière. On dirait quelque gigantesque obélisque jeté debout par la main du Créateur au milieu de ce dédale, pour en surveiller et dompter les écarts. C'est une *amba*.

Forteresses naturelles et inexpugnables, c'est peut-être à ces phénomènes géologiques, propres à l'Abyssinie, qu'il faut demander le secret des guerres intestines qui l'ont si souvent désolée. Maître d'une amba, tout rebelle menacé ou poursuivi est sûr de se ménager là, en cas de besoin, une retraite où nul ne pourra l'atteindre, et du haut de laquelle, s'il a pris ses mesures, il narguera sans crainte le vainqueur se morfondant à ses pieds.

Aussi l'art humain s'attache-t-il encore à en multiplier les moyens de défense. Taillé dans le roc, le sentier abrupt qui mène au sommet est, de distance en distance, obstrué par des blocs de pierre ou des barrières qui permettent de fermer toute issue. En haut et sur les flancs, des réserves d'armes sont installées, des citernes creusées, des provisions accumulées, et vienne le jour des revers, comme pour les châteaux des barons du moyen âge, c'est un blocus en règle et prolongé, souvent même sans espoir, qui seul peut essayer d'en avoir raison.

Le premier souci de Richelieu, lorsqu'il entreprit d'anéantir l'esprit guerrier et les priviléges féodaux de la noblesse française, fut d'abattre les tours puissantes et les remparts crénelés derrière lesquels on le bravait. Tant qu'un négus ne sera pas parvenu à détruire la force des ambas ou à en interdire l'accès, ses vassaux turbulents ne s'inclineront qu'à regret devant son autorité, toujours prêts à en appeler aux armes pour en discuter ou en repousser les effets.

Ce n'est pas, néanmoins, que dans le passé, la vie politique en Abyssinie n'ait été revêtue d'un caractère de civilisation régulière et de réelle grandeur. Jadis, le pays entier, courbé sous les mêmes lois, obéissait à des souverains qui se glorifiaient d'appartenir à la lignée de Salomon, et d'être les fils de la reine de Saba. Pendant des siècles, Tegulat, dans le Choah, puis au commencement de notre ère, Gondar, dans l'Amahra, furent la résidence d'une cour somptueuse et guerrière, où les divers rois de l'Éthiopie accouraient se prosterner aux pieds des tout-puissants négus, où les cités lointaines envoyaient leurs tributs.

Ce fut dans cette période, au quatrième siècle,

que le christianisme fit son apparition en Abyssinie. La conversion des princes entraîna celle de la nation, et, à dater de cette époque, à côté des donjons de la noblesse éthiopienne, s'élevèrent des monastères et des églises. Les mœurs y sont encore aujourd'hui ce qu'elles étaient alors, et jusqu'à nos jours, le moyen âge, tel que l'histoire nous en a transmis la légende, avec tout son cortége de poétiques traditions, de coutumes chevaleresques, non moins que de luttes intestines et d'exactions sanglantes, s'y est perpétué, et subsiste immuable sur l'assise des institutions féodales qui régissent encore l'Abyssinie. La grande existence du châtelain d'autrefois s'y retrouve avec tous ses droits, tous ses priviléges, tous ses abus, avec son monde de vassaux et de clients, avec ses troubadours errants pour chanter ses hauts faits ou sa large hospitalité ouverte à tout venant, avec ses écuyers, ses pages, ses varlets, et jusqu'à sa galanterie raffinée pour les femmes, mais, encore plus, avec l'ombrageux orgueil seigneurial toujours en éveil contre les entreprises d'un rival, ou sur la défensive contre les empiétements du pouvoir suzerain.

C'est de ce régime, comme chez nous jadis, qu'a surgi l'anarchie dont les ravages ont, de siècle en siècle et de règne en règne, conduit peu à peu l'Abyssinie, d'une situation prospère et brillante, à l'état de désorganisation lamentable où elle est aujourd'hui plongée. Des royaumes indépendants ont grandi sur ses débris; ceux des Gallas, de Kaffa, d'Haoussa, etc., sont devenus autant d'ennemis; les musulmans ont, depuis longtemps, conquis les côtes de la mer et ne se sont arrêtés que devant les défilés inaccessibles des montagnes. Du formidable héritage de ses pères, le descendant de Salomon n'a gardé que le Choah, épave de l'antique monarchie dont il rêve peut-être tout bas de reconstruire l'édifice; des chefs avides se disputent tour à tour les plus fertiles provinces, sans souci des maux dont leurs violences rendent le poids de jour en jour plus lourd aux populations décimées, et le Richelieu assez fort pour raser ces repaires de la féodalité éthiopienne est encore à naître.

Il est plus d'une de ces ambas dont l'histoire est célèbre, soit par le nom des proscrits qui y ont cherché un refuge, soit par le nombre des attaques infructueuses qu'elle a soutenues. D'autres ont servi de prisons d'État à d'illustres captifs. Le vieux roi Oubié, aveugle et vaincu, est mort à Debré-Thabor. Magdala, avec ses portes de fer closes, d'étage en étage, sur les trésors et l'arsenal de Théodoros, n'était pas autre chose qu'une amba, la plus fière de toutes. La ville insignifiante qui avait surgi autour n'était qu'un campement éphémère, peuplé des courtisans ou des soldats du négus, et destiné à ne pas lui survivre.

Mais, durant sa vie, en haine de Gondar, où à chaque pas la tradition lui rappelait cette antique race de Salomon à laquelle il s'efforçait vainement de renouer, aux yeux du peuple, sa filiation imaginaire, c'était là et à Debré-Thabor qu'il avait transporté le siége de sa puissance. Que de sanglantes tragédies se sont déroulées au pied de ces rochers! Que d'effroyables exécutions! Et pourtant, quoi qu'on en ait dit, les tendances natives de Théodoros ne le portaient pas vers une cruauté irréfléchie.

Ce furent les résistances, les trahisons, qui peu à peu en développèrent chez lui le germe. Alors, il est vrai, ce devint une véritable maladie, une sorte de folie furieuse, dont le meurtre de son favori M. Bell, ex-officier de la marine anglaise passé à son service et tué à Tchober, en 1861, par le rebelle Garet, paraît avoir été le point de départ. Jamais il ne s'en consola ni ne le pardonna, et c'est de ce jour que datent les excès de sévérité sauvage avec lesquels il punit ou réprima toute tentative d'insurrection. C'était, dans le fond intime de sa pensée, comme une satisfaction offerte aux mânes de son ami, non moins qu'un acte de sévérité ou de justice.

Mais, quand ils pouvaient impunément se faire jour, ses instincts de générosité, de grandeur même, reprenaient volontiers le dessus, et, à côté des exemples nombreux, hélas! de son humeur farouche, il était facile de rencontrer chez cet autocrate des traits de clémence ou de bonté qui commandaient le respect et l'attachement.

J'eus l'occasion, durant mon séjour en Abyssinie, de voyager avec M. Flad, l'un des membres allemands de la mission protestante entretenue en Éthiopie par la Société biblique de Londres. C'était au moment de la captivité des Européens, notamment des Anglais, en résidence chez Théodoros. Celui-ci l'envoyait précisément en ambassade auprès du gouvernement britannique, pour lui exposer ses griefs personnels et traiter des conditions de leur élargissement. Il avait laissé comme otages entre les mains du négus sa femme et ses enfants; mais, s'il avait hâte de les rejoindre, leur sort ne lui inspirait aucune inquiétude, et maintes fois, quoique ayant failli lui-même devenir sa victime, je l'ai entendu rendre hommage aux royales qualités de son maître.

On a fait grand bruit, en Europe, de la triste situation de ces captifs et du traitement rigoureux qui leur était infligé. Mais, malgré l'intérêt légitime qu'ils devaient exciter chez nous, n'eût-il pas été juste également, avant de fulminer l'anathème, de rechercher à quel mobile obéissait le caprice de leur persécuteur, et s'ils n'avaient pas eux-mêmes, par leurs propres fautes, appelé la foudre sur leurs têtes?...

Or, pour la plupart d'entre eux, c'était le cas. Intrigants et avides, ou d'une présomption peu en rapport avec le rôle impartial et circonspect qu'auraient dû leur imposer leur origine et leur caractère, c'est à peine si quelques-uns dissimulaient non pas leurs sympathies, mais même les intelligences qu'ils entretenaient imprudemmen avec les plus importants des rebelles. De là à étendre à tous ce qui pouvait n'être le crime que d'un seul, de la part d'un souverain ombrageux comme Théodoros, il n'y avait qu'un pas : il fut facilement franchi.

Tous les Européens allemands, anglais et français, car il se trouvait deux de nos compatriotes dans le nombre, devinrent suspects. Un seul, un armurier venu de Saint-Étienne, du nom de Bourgaud, exclusivement occupé de son art, trouva grâce aux yeux du prince et se vit, au contraire, l'objet de sa faveur et de sa munificence. Parfois même, le négus aimait à se reposer chez lui, et, oublieux de sa pourpre, à jouer avec les enfants de l'humble ouvrier.

Quant au consul anglais, le fameux Cameron, dont les rapports et les lettres au *Foreign Office* furent les premières pièces du dossier d'accusation amassé contre Théodoros, on ne s'est pas assez demandé quelle conduite il avait tenue lui-même vis-à-vis du souverain de l'Éthiopie. D'une hauteur qui n'avait guère d'égale que son intempérance, et sûr de l'impunité réservée, d'après sa confiance orgueilleuse, au représentant de la Grande-Bretagne, quelle que pût être son attitude, il n'était pas rare qu'on l'entendît publiquement proférer des injures ou des menaces contre le Roi des rois. Une scène scandaleuse combla la mesure. Entouré de sa cour, le négus était assis sur le devant de sa tente. Tout à coup, M. Cameron se présente devant lui. Il était ivre, comme cela lui arrivait fréquemment. Dès les premiers mots, l'empereur s'en aperçoit et tente de l'éloigner doucement. L'autre insiste, et dans le feu de ses protestations, aussi impuissant à se contenir au physique qu'au moral, il couvre la toge impériale des témoignages fétides de son intempérance.

Saisi et enchaîné sur-le-champ par les courtisans indignés, le consul eut à réfléchir dans une longue captivité, par exemple, sur le danger des excès de table et de la brutalité du langage. Mais quelque dur qu'ait pu être le châtiment, comment qualifier l'offense?

Et vainement l'histoire accolera au nom de Théodoros les épithètes de barbare et de sauvage : il restera toujours de sa vie le trait suprême qui la couronne, l'acte de royale grandeur par lequel lui, le monarque humilié et vaincu, sur le point de mourir, répondit aux dédains et aux sommations du vainqueur.

Briser à ce moment solennel les fers de ces captifs qui sont là, en son pouvoir, à portée de sa vengeance et de son courroux; les renvoyer libres dans ce camp où il pourrait si facilement, au contraire, jeter leurs têtes du haut de son imprenable citadelle : est-ce là, en vérité, le fait d'un sauvage et d'un barbare? Les annales de la chevaleresque Angleterre comptent-elles bien des exemples de magnanimité à rapprocher de celui-là ?...

Je le demande aux pontons de Cabrera et au tombeau de Sainte-Hélène !...

CHAPITRE IX

Le rôle des missionnaires français en Abyssinie. — Sympathies des populations pour la France. — Richesses naturelles de l'Abyssinie. — Son industrie. — Un noble abyssin en voyage. — Les fusiliers indigènes.

Dedjatch Haïlou était un de ces serviteurs fidèles auxquels les qualités du négus avaient su inspirer pour sa personne un dévouement aveugle. J'étais d'autant plus impatient de le voir, et les moindres renseignements sur son compte m'intéressaient. A vrai dire, ils ne me manquaient pas ; seulement ils étaient de nature tant soit peu contradictoire, suivant la source où je puisais.

Mon arrivée à Halaï n'était pas, en effet, sans avoir produit quelque sensation. On était peu habitué à y voir un Européen, un Français surtout, qui ne fût ni prêtre, ni aventurier ; et voyageant avec une suite relativement nombreuse, ne marchandant pas le prix des services rendus, j'étais, aux yeux de la foule, un prince, ou tout au moins un envoyé de l'empereur Napoléon, chargé de venir examiner le pays, pour en préparer la prise de possession.

Ce bruit, rapidement répandu, m'attirait de nombreuses visites des notabilités environnantes. Il n'y avait pas deux jours que j'étais installé, qu'on assiégeait ma porte, les uns pour me regarder, les autres pour me parler. L'empressement était d'autant plus grand, que mes domestiques, fiers de l'importance de leur maître et s'en attribuant une bonne part, ne refusaient à personne, à mes dépens, bien entendu, une hospitalité aussi large que nourrissante. Leurs hâbleries, je n'en doute pas, étaient pour beaucoup dans mon succès. Néanmoins, il était facile d'y démêler une autre cause, je veux dire un attrait instinctif pour le nom de la France, des sympathies innées pour elle, et une confiance absolue dans sa parole ou ses intentions.

Ce résultat, dans toute sa plénitude, hâtons-nous de le constater, est l'œuvre des missionnaires français, qui, depuis plus de quarante ans[1], sous le coup de bien des vicissitudes, s'ef-

[1] La mission catholique fut instituée sur les instances de M. Antoine d'Abbadie en 1836, au retour de son premier voyage en Éthiopie.

forcent d'y porter le flambeau de la civilisation et de la foi. Si leurs accents se perdent trop souvent, emportés par le vent des montagnes, sans profit pour la religion dont ils sont les ministres, il n'en jettent pas moins d'autres semences plus fécondes; et toujours et partout, française avant tout, leur voix célèbre, en la faisant aimer, les vertus et la grandeur de la terre dont ils sont les enfants.

Trop souvent attaqués par la haine de ceux qui ne les ont pas vus sur leur terrain d'action, c'est justice, selon moi, de rendre en passant, lorsqu'on le peut, à ces apôtres modestes de la charité et du devoir l'hommage légitime dû à leurs labeurs comme à leur patriotisme. Inclinons-nous devant eux!

Partout où je suis allé, j'ai trouvé le sentier frayé par eux, et mon titre de Français suffisait à me ménager un accueil que j'eusse peut-être rarement rencontré sans cela. A Halaï plus qu'ailleurs, j'en éprouvais l'effet, et par mes récits je m'attachais à confirmer chez mes auditeurs d'occasion les discours de ceux qui m'avaient précédé. Je dépeignais les richesses et la force de la France, son influence et son rôle dans le monde; je la montrais protégeant d'une main la religion chrétienne, et de l'autre poussant les peuples dans la voie du progrès. Je racontais les merveilles de notre industrie, de nos chemins de fer. Je vantais les bienfaits de la paix et du bien-être dont on y jouissait.

— Ah! pourquoi n'apportez-vous tout cela chez nous? s'écria tout à coup un kantibah du voisinage.

Hélas! combien n'aurais-je pas voulu, tout au moins, pouvoir le leur faire espérer, et comme il m'en coûtait de désabuser tous ces dévouements si bien prêts à nous suivre! Les privilégiés assez heureux pour m'entretenir reportaient ensuite l'écho de mes paroles jusqu'au fond des dernières chaumières.

Je ne serais pas surpris qu'aujourd'hui quelque nouvel article de foi essentiellement pratique, fruit de mes narrations, ait augmenté, depuis mon séjour parmi eux, le bagage de toutes les croyances, plus naïves qu'orthodoxes, qui composent leur commode évangile.

Il n'y eut qu'un point où je me heurtai à une incrédulité décidée, et où toutes mes démonstrations échouèrent. Ce fut à propos des tunnels que nous ouvrons dans le flanc des montagnes à nos voies ferrées. Les voitures qui marchent seules, sans chevaux et sans bœufs, par la seule puissance d'une force invisible, ils l'admettaient. La plupart avaient fait le trajet de Massaouah et y avaient accidentellement vu des bateaux à vapeur sillonnant les flots, sans rames et sans voiles. Leur imagination se rendait donc assez aisément compte que le même mécanisme pût être appliqué à des véhicules. Mais quant à leur faire comprendre qu'au prix de travaux inouïs, on perçait les montagnes pour y passer, lorsqu'il est si facile de les gravir tout simplement, cela, je ne pus jamais y arriver, et je courus le risque de voir crouler du même choc, une fois ma véracité mise en doute, tout l'édifice de mes efforts antérieurs.

Tout en pérorant et en me promenant de ci de là, je mettais les circonstances à profit pour me rendre compte *de visu,* et compléter sur place ce que je savais déjà, de l'état social et du régime économique de l'Abyssinie. Au point de vue des productions agricoles, quelle fécondité! Quelle terre généreuse! L'ensemble du plateau éthiopien comprend environ de quatorze à quinze millions d'habitants. Vingt-cinq à trente jours d'un travail annuel suffiraient pour y semer et recueillir des récoltes capables de nourrir une population cinq fois plus forte. Les famines qui parfois y désolent certains cantons ne sont que le résultat accidentel des fureurs sacriléges de l'homme.

Dans les conditions ordinaires de l'existence, le froment, l'orge, le tief, le dourha y mûrissent avec une incroyable rapidité et constituent la base essentielle de l'alimentation publique. Le froment est dévolu aux riches et se cultive, par conséquent, en moins grande quantité, car, contraints, comme nous le savons, par leur isolement géographique et la barrière des hostilités politiques, à consommer sur place ce que leurs champs produisent, les Abyssins ignorent les profits à retirer d'une culture plus développée, dont ils pourraient au loin exporter les fruits.

A côté de ces céréales, tous les légumes des contrées tempérées y croissent sans peine, tous les arbres fruitiers de nos pays y prospèrent. La vigne, notamment, y atteint des proportions considérables, et naguère le Tigré, entre autres, était couvert de florissants vignobles, lorsqu'un ordre de Théodoros obligea tous les paysans à en arracher les plants, sous le fantasque prétexte que le vin étant une boisson royale réservée seulement à ses lèvres augustes, il interdisait à tout Abyssin d'en fabriquer ou de cueillir les raisins dont on pouvait l'obtenir.

Le *tedj* le remplace, sorte d'hydromel, dont

la fermentation s'obtient par le mélange de l'écorce d'un arbrisseau propre à l'Abyssinie, avec des rayons de miel baignés dans une eau pure. Il est d'un usage général, et partage avec la *bousa*, ou bière grossière tirée de l'orge, la faveur des buveurs éthiopiens. Aussi tout le plateau est-il couvert de ruches bourdonnantes dont le miel procure une féconde ressource, et dont la cire pourrait fournir un élément des plus abondants à une branche de commerce que l'habitant soupçonne à peine.

Puis, derrière ces végétaux qui nous sont familiers, dans les vallées ou dans les plaines, surgissent du sol, sans autre travail, sans autre soin que la peine d'en récolter les graines ou d'en couper les tiges, le caféier, le coton, la canne à sucre. C'est du royaume de Kaffa, situé au sud de l'Éthiopie, que le café, comme l'indique l'étymologie de son nom, est originaire. Les baies mûres du précieux arbuste, dédaignées de l'indigène, jonchent la terre. Ce furent des marchands musulmans qui, après avoir, il y a longtemps, pénétré jusque-là, au péril de leur vie, en rapportèrent, à travers tous les obstacles d'un parcours de plusieurs centaines de lieues, les premiers échantillons vendus à Massaouah. Depuis, on est parvenu, et les Banians plus que tous les autres, à établir avec ces régions reculées des relations suffisamment suivies pour que chaque année d'énormes masses en arrivent à la côte. Là, des bateaux arabes le chargent et le transportent à Moka d'où, mélangé avec ce qu'en produit l'Arabie, il s'expédie sous la dénomination de ce dernier entrepôt, par milliers de ballots, dans l'univers entier.

Cette indifférence peu éclairée pour les produits naturels de son sol ne se borne pas là chez l'Éthiopien. L'indigo, la salsepareille, le quinquina, et nombre d'autres plantes du même genre, poussent au gré du hasard, sans que nul ait jamais songé à se demander quelle pouvait en être l'utilité, et surtout sans qu'aucune main se soit baissée pour les cueillir. Le cotonnier donne spontanément la quantité de textile suffisante à la consommation du pays et rien de plus; de la canne à sucre s'extrait hâtivement une cassonade succincte dont les riches font leurs délices. Mais jamais l'initiative d'aucun travailleur plus entreprenant ne s'est tournée du côté de ces végétaux, pour leur demander davantage, en se livrant à un labeur dont pas un débouché rémunérateur ne lui ménagerait la récompense légitime.

Et ce n'est pas seulement aux plantes saluées

dans nos langues européennes d'un nom connu, que se bornent les productions bienfaisantes de ce sol favorisé. Là, c'est le *wadjinos,* dont les racines pulvérisées ou les baies mûres contiennent d'infaillibles vertus contre la plus implacable dyssenterie; ici, d'autres simples d'un effet non moins souverain dans diverses affections; ailleurs, l'*endod,* broussaille à peine digne d'attirer le regard, et dont les grains jetés dans l'eau engendrent une fermentation active, d'où s'échappe une mousse délicate et blanche comme celle de nos savons les plus fins. Les Abyssins s'en servent pour donner à leurs vêtements l'éclat éblouissant qui distingue ceux des prêtres ou des grands.

Plus loin, voici de nouvelles plantes encore plus difficiles à nommer qu'à décrire qui, toutes, sont douées de qualités propres, soit pour les remèdes employés par les médecins et les empiriques du pays, soit pour les couleurs de la fresque naïve dont le peintre indigène barbouille les murailles des demeures élégantes ou des églises, soit enfin pour la teinture ou le tissage des étoffes, ou pour l'apprêt des cuirs, que la main de plus d'un ouvrier habile façonne avec un art surprenant.

Bien que restreinte et réduite à l'état stationnaire de toutes les industries livrées à leurs seules inspirations, celle de l'Éthiopie n'en jouit pas moins d'une existence particulière dont l'origine se confond avec celle de la monarchie. C'est dire qu'elle est, de nos jours encore, restée au niveau de ses premiers essais. Si le chef abyssin se revêt avec orgueil de la tunique de soie rouge que, d'ordinaire, il doit à la munificence de quelque voyageur ou de quelque marchand désireux de se concilier ses bonnes grâces, la grande majorité de la nation n'emploie uniformément, dans sa parure, que la robe ou le *quârri* sorti des ateliers indigènes. A Adoua, des métiers d'une simplicité primitive, il est vrai, mais ingénieuse, tissent les merveilleuses toiles de coton ou la mousseline légère dont elle se compose.

Le *quârri* n'est autre qu'une pièce de ces toiles, toute blanche, sans autre ornementation qu'une large bordure rouge ou bleue. Il n'est pas un Abyssin, grand ou petit, riche ou pauvre, homme ou femme, qui n'en soit pourvu ; c'est dans ses plis déchirés ou soyeux que chacun se roule sans façon pour la nuit, ou se drape le jour, avec la dignité proverbiale du maintien oriental. Le plus beau de ces *quârris*, de la dimension d'une couverture de lit, vaut de cinq à six thalaris. C'est la toge des riches. Les autres, dont la trame est moins fournie ou le tissu moins délié, n'atteignent que des prix infimes. En raison de l'universalité de cette mode, la corporation des tisserands est de toutes peut-être la plus nombreuse, et jouit d'une considération spéciale.

Puis viennent les tanneurs, teinturiers, corroyeurs, etc. C'est sur les peaux de bœuf principalement que s'exerce l'industrie de ceux-là. Une magnifique peau de bœuf, tannée et teinte en rouge, à Gondar, vaut à peine 2 fr. 50; d'autres moins grandes et toutes préparées ne valent que 1 fr. 25 à 1 fr. 50. Il est vrai que l'espèce bovine, en Abyssinie, atteint des proportions moins développées que chez nous; l'animal y est de la taille d'un bœuf de Bretagne, et l'espèce se rapproche, quoique beaucoup plus grande, de celle du zébu. Comme cette dernière, elle est douée d'une protubérance charnue entre les deux épaules, laquelle constitue pour le gourmet un morceau de choix.

La couche de tout Abyssin est recouverte, suivant sa fortune ou ses goûts, d'une ou plusieurs de ces peaux. On se les transmet par héritage. Pour le pauvre, du reste, c'est un luxe peu coûteux, dont le bon marché est la conséquence naturelle de l'accumulation des troupeaux qui, en nombre immense, foisonnent de toutes parts sur le sol de l'Éthiopie.

Dans le but de célébrer dignement une fête ou un événement mémorable, il n'est pas rare qu'un chef fasse abattre 15,000 et 20,000 vaches dont le peuple se partage les dépouilles. Quelle orgie de viandes sanglantes, alors !... car le plus souvent l'Abyssin, peu initié à la délicatesse de la gastronomie européenne, dédaigne tout raffinement culinaire pour se jeter gloutonnement sur les chairs pantelantes. C'est par le chiffre des victimes immolées que s'affirme, en de telles circonstances, la puissance ou la générosité de l'amphitryon.

La fortune individuelle s'évalue, en effet, d'après la quantité de têtes de bétail que chacun possède, et l'on pourra s'imaginer le peu de valeur que représente un troupeau de cent bêtes, par exemple, en réfléchissant au prix moyen d'un bœuf de fortes dimensions qui va rarement au delà de trois, de quatre thalaris. Trois chèvres ou trois moutons se vendent communément un thalari.

L'abondance des pâturages explique celle de tous ces bestiaux. Les trois quarts de la terre, en Abyssinie, demeurent en friche et se parent d'une herbe savoureuse où l'animal trouve sans peine une nourriture dont nulle surveillance ne lui mesure le compte. Des troupes de chevaux, d'ânes et de mulets participent au bénéfice de ce régal sans contrôle.

Mais le cheval, dont les membres déliés, la souplesse des attaches, la tête fine, trahissent incontestablement le sang arabe, a bien plus de prix aux yeux de l'Abyssin. Un joli cheval va jusqu'à treize et quinze thalaris; une belle mule n'est pas cotée moins haut. L'un et l'autre sont les compagnons inséparables de tout seigneur éthiopien. L'allure plus sûre, plus régulière de la seconde la lui rend précieuse pour ses excursions à travers les sentiers de la montagne; c'est à l'agilité, à la rapidité du premier qu'il confie le salut de sa personne dans ses batailles et ses courses guerrières.

L'aspect du cortége d'un noble Abyssin en voyage diffère peu de celui d'une caravane en marche, sauf qu'il est quelquefois moins confus. A l'heure du campement, ce sont mêmes agitations, même désordre, mêmes cris, mêmes précautions, mêmes réjouissances; en route, le caractère en est plus imposant. Des soldats précèdent leur maître, à pied, armés de la lance et du bouclier traditionnels, le coutelas à la ceinture,

parfois le fusil sur l'épaule; ensuite viennent
les écuyers chargés de ses armes particulières, quelque sabre artistement ouvragé,
quelque carabine d'un modèle inusité; puis le
chef lui-même, à l'attitude grave et fière, solidement campé sur son cheval ou sur sa mule,
un parasol étendu au-dessus de sa tête; — quelquefois, à ses côtés, sur une mule toujours, en-
veloppée d'un long voile de mousseline blanche,
les plis de son *quârri* ramenés sur le front,
une forme plus svelte, plus gracieuse : c'est
l'épouse du seigneur. Derrière eux, la foule de
serviteurs chargés de provisions et de bagages,
ou bien, un peu plus près, quelque nain dif-
forme, le fou du château, ou quelque trouba-
dour avec l'instrument dont il accompagne sa
voix; enfin le gros de la suite, les bêtes de bât,
les chevaux de main, pêle-mêle au milieu des
pages et des femmes de service.

Une selle somptueuse, un harnachement pittoresque recouvrent la monture du maître. Des
incrustations d'or, des dessins capricieux aux
nuances variées courent sur le cuir ou sur la
housse, et la vanité satisfaite du possesseur se
complaît dans le déploiement de cette pompe
barbare. C'est à Gondar, c'est à Adoua, que
travaillent le bourrelier et l'orfévre dont elle est

en partie l'œuvre, et c'est l'Abyssinie même qui leur en a fourni les éléments indispensables. Le premier a reçu son bois des mains laborieuses des *Felachas,* les juifs éthiopiens, qui, là comme ailleurs, ont perpétué leur caste sans mélange à travers les âges, et s'adonnent aux spécialités du bois ou de la pierre; ce sont en général les maçons et les bûcherons de l'Abyssinie. Le second est allé demander son or aux peuplades qui vivent non loin des bords du Tsaña et qui le ramassent dans les déchirures de la montagne, parmi les cailloux et le sable, quand le souffle du vent le leur découvre ou que les flots du torrent le leur amènent.

L'or n'est pas le seul métal que transforment les efforts de l'industrie indigène. Les instruments aratoires, les armes de guerre appartiennent également à la fabrication nationale et tirent leurs matières premières des entrailles du sol paternel. Presque partout, en effet, le fer se montre à la surface, en longues traînées sombres ou en couches indécises, obéissant aux caprices des crêtes escarpées dont elles suivent les détours, ou des gorges profondes au fond desquelles elles s'engloutissent. Mais faut-il ajouter combien ces divers objets sont loin d'atteindre les formes perfectionnées et le fini dont notre science européenne garde le secret ! L'équipement guerrier de l'Abyssin se composait exclusivement, il y a peu d'années encore, d'une lance légère qu'il jetait de loin, à la façon du javelot antique, d'un sabre recourbé, et d'une dague passée à la ceinture.

C'étaient aussi les forgerons d'Adoua et de Gondar qui préparaient ces armes, à la flamme insuffisante d'un fourneau primitif. Quelques-unes, néanmoins, par le luxe de leurs agréments, la recherche du travail, acquéraient une valeur considérable et devenaient des objets de convoitise pour la prodigalité jalouse des riches. Mais depuis quelques années, bien qu'aucun Abyssin n'ait encore renoncé à cet appareil redoutable, sans lequel nul ne se risquerait à sortir de chez lui, l'arme à feu en a singulièrement diminué le prestige, et l'expédition anglaise surtout leur a appris à connaître et à manier les carabines Snider, Remington et autres, dont le général Napier paya l'alliance ou la neutralité des grands vassaux ennemis de Théodoros.

Ce prince a été le premier souverain d'Abyssinie qui eût conçu l'idée de créer un corps permanent de fusiliers. C'étaient ses fidèles, sa garde prétorienne. Confectionnant eux-mêmes une poudre grossière avec le soufre et le salpêtre qu'ils recueillaient aux bords des volcans éteints de leur pays, ils remplaçaient le plomb qui y fait défaut par une sorte de pierre calcaire, façonnée sous leurs doigts en un cylindre du calibre du canon, et dont la densité répond suffisamment au but proposé. Aujourd'hui encore, malgré l'introduction des armes de précision, demeurées d'un usage peu répandu en raison de la difficulté de se procurer des munitions, ce projectile rudimentaire, toujours à portée de la main, n'a pas cessé d'être en honneur, et le tireur abyssin est d'une adresse remarquable. J'ai vu l'un d'eux, à près de quatre-vingts pas, tuer une perdrix d'un coup de fusil ainsi chargé, et autour de moi cet exploit, dont je m'émerveillais, ne surprenait personne.

CHAPITRE X

La veuve indigène d'un Anglais. — Sa toilette. — Les mariages en Abyssinie. — Le clergé. — Les couvents. — L'évêque. — Le pèlerinage de Jérusalem. — Visite chez un chef. — Les ambassadeurs de Goubesié. — Kassa, le futur négus.

Une de mes premières visites fut pour la veuve d'un Européen, nommé Coffin. C'était un matelot anglais qui avait déserté son bâtiment quelque vingt ou trente ans auparavant. Après avoir vendu ses services à l'un ou à l'autre des princes du Tigré qui bataillaient à cette époque, il avait fini par se créer à lui-même une certaine situation seigneuriale et par acquérir une réelle importance. Mort depuis plusieurs années, il avait épousé successivement plusieurs femmes. Celle à laquelle j'allai rendre mes devoirs était la dernière. Elle en avait eu deux enfants, deux petites filles charmantes, que je trouvai jouant devant la maison, et avait dû être elle-même fort jolie.

Très-flattée de ma démarche, elle me reçut

assise sur son angareb en m'adressant un : *Bonjour!* sonore. C'était le seul mot de français qu'elle sût. Elle était noire, mais ses traits étaient d'une finesse tout aristocratique, un petit nez aquilin, une bouche mignonne, des dents qui rappelaient, suivant l'image éthiopienne, « les petits de la tourterelle blanche sous l'aile de leur mère »; tout cela éclairé par des yeux comme les possèdent presque toutes les femmes d'Abyssinie, des yeux de velours. C'était vraiment une délicieuse physionomie, et l'on songeait bien peu, en la contemplant, à regretter la nuance de la peau.

La poitrine et le cou découverts jusqu'à la naissance des seins, il me sembla, quand je m'approchai, que la robe blanche dont elle était vêtue, et qui montait jusque-là, était garnie tout autour d'une bordure de dentelles. Sur ce corps noir, je distinguais, en effet, comme un feston bleuâtre qui suivait les contours de l'étoffe. Mais, ô surprise! en regardant de plus près, je m'aperçus que c'était un tatouage, sans doute l'œuvre de son mari. Celui-ci, inspiré de ses souvenirs d'Angleterre, et se rappelant les parures qu'il avait jadis admirées dans la toilette des grandes dames de son pays, avait cherché probablement à en reproduire et à en fixer l'élégance, d'une manière permanente, sur les épaules de sa femme. Le fait est qu'on aurait juré que le modèle en était, du moins, sorti des mains d'une habile ouvrière. Elle paraissait fière de cet ornement et s'arrangeait visiblement de manière à disposer son vêtement en vue de l'illusion qui m'avait frappé au premier abord.

Dès que j'eus pris place sur un second angareb voisin de l'autre, une servante me remit un vase formé d'une corne de vache coupée par le milieu et dont une rondelle de bois fermait le fond. Puis une énorme calebasse fut apportée. Elle contenait du tedj.

La femme commença par s'en verser dans le creux de la main quelques gouttes qu'elle avala. Ensuite, elle me servit. Ainsi le veut l'étiquette éthiopienne. L'hôte qui s'asseoit à votre foyer doit être sûr que sa vie est désormais à l'abri, et qu'aucun poison n'est mêlé à ses mets.

Pendant que je buvais, les gens qui étaient là détournèrent la tête, et la même servante déploya au devant de moi le pan de sa robe pour me voiler aux regards indiscrets. C'est encore une coutume locale, qui vous protége contre le mauvais œil.

Mon hôtesse paraissait jouir d'une certaine

considération auprès des siens. Elle-même n'était pas sans affecter des allures de supériorité dont ma présence était peut-être l'unique cause. Veuve d'un Européen, elle tenait à affirmer, à mes yeux, qu'elle n'était pas sans avoir conscience du rang qu'elle avait occupé et des devoirs que le passé lui imposait. Bien qu'il eût, ainsi que je l'ai dit, contracté plusieurs mariages, celui qui avait uni Coffin à cette femme était le seul que la religion eût consacré, et quoique, aux termes de la loi civile, les autres n'en eussent pas moins été réguliers, celui-là, exclusivement, assurait à l'épouse des priviléges et des égards personnels qui échappaient à ses devancières.

L'usage, en effet, à côté de la cérémonie publique, mais parfois dispendieuse, que se réservent plus généralement les grandes familles, tolère légalement, en Éthiopie, des unions éphémères, d'un caractère tout aussi légitime, mais auxquelles président les formalités les plus succinctes et les conventions les plus brèves.

Un père est l'heureux possesseur d'une fille avenante et gracieuse. Si quelque galant la désire pour compagne, sans plus de façons il se présente et s'en ouvre à l'auteur des jours de la belle enfant. Celui-ci convoque deux témoins.

L'acheteur, — je veux dire le futur, — réitère sa demande devant eux; le prix est débattu; et dès qu'entre les mains du tendre père a été versée la somme convenue, il emmène, sans autres débats, son acquisition devenue sa femme aux yeux de tous.

D'habitude, et dans les bonnes années, une fille de chef s'estime à cinq thalaris, soit environ vingt-six francs quatre-vingts centimes de notre monnaie. Mais il en est de qualité inférieure, et par conséquent moins chères.

Puis, quand le mari, pour une raison ou pour une autre, est las de sa moitié, qu'il veut quitter la contrée, ou qu'il désire en épouser une seconde, il la reconduit chez elle, et là, comme la première fois, en présence de deux témoins, il déclare qu'il renonce à toute prétention sur le montant de la dot versée, — c'est le point essentiel, — qu'il divorce, et qu'il rend la fille de son plein gré. Celle-ci rentre tout bonnement alors sous le toit de sa famille et reprend sa vie des anciens jours, jusqu'à ce qu'une heureuse aubaine fournisse à son père la chance de s'en défaire de nouveau, à un taux également rémunérateur.

Il est rare que l'occasion s'en fasse bien attendre, et même, à cet honnête petit trafic, il est des femmes dont les mérites acquièrent une renommée qu'elles n'auraient probablement pas obtenue dans une existence plus tranquille. Le marché peut se répéter plusieurs fois sans que la considération de personne ait à en souffrir, ni sans que la marchandise baisse de valeur, au contraire ! Il n'y a qu'une fécondité trop exceptionnelle qui puisse y porter une atteinte sensible. Le placement devient, dans ce cas, plus difficile, et c'est alors qu'elles apportent aux pieds du Seigneur l'hommage de leurs regrets sans espoir et de leurs charmes flétris.

Mais les enfants issus de ces rapprochements accidentels n'en sont pas moins légitimes, et jouissent des mêmes prérogatives, sont traités sur le même pied que les autres. Aussi est-il fort rare qu'un Abyssin doué de quelque bien n'ait pas été déjà le mari temporaire de deux ou trois femmes avant d'aborder le sacrement définitif et indissoluble du « mariage de la communion ». C'est ainsi que se désigne l'union contractée sous les auspices de la religion.

Celle-là est toujours accompagnée, en effet, d'une communion à laquelle prennent part les deux époux. Sortis du sanctuaire, cette fois, pour eux il n'y a plus à s'en dédire. La législation de l'État et les canons de l'Église se retranchent derrière la même inflexibilité. Il est fâcheux que cette cérémonie entraîne des frais qui ne sont pas toujours à la portée du pauvre peuple, car le prêtre vit de l'autel, et il n'y a pas de pays où cette maxime reçoive plus large application qu'en Abyssinie.

L'avidité du clergé cophte n'a guère d'égale que son ignorance. Tout prétexte lui est bon pour tondre son troupeau, et les nombreuses fêtes dont il impose à tout propos l'observance à la crédulité populaire lui fournissent de fréquentes occasions de satisfaire ses appétits. Plus du tiers du sol de l'Abyssinie lui appartient. Il y a des couvents dont les propriétés sont immenses. Il est juste de reconnaître, par exemple, que les moines sont, en général, d'une intelligence, d'une instruction et d'une moralité bien supérieures au clergé séculier. C'est derrière leurs murailles que s'abrite, comme chez nous au moyen âge, l'étude des sciences et des textes sacrés.

On y rencontre des manuscrits excessivement curieux, contemporains des premiers siècles de l'ère chrétienne. Ils sont écrits dans la langue *ghez*, dont l'origine paraît remonter aux temps des Chaldéens; et bien que ce soit le latin de la religion cophte, c'est-à-dire le seul langage employé par la liturgie éthiopienne, fort peu de ceux qui s'en servent la comprennent aujourd'hui. Néanmoins, il est des moines pour lesquels elle ne garde pas de secrets, et dont la vie entière, vouée au travail et à la piété, pourrait servir d'exemple et d'enseignement dans tous les pays.

Beaucoup plus soucieux de ses intérêts temporels et de ceux de la petite famille qui d'ordinaire grandit sous son regard paternel, le prêtre séculier, lui, pourvu qu'il touche régulièrement sa dîme et que la recette des offrandes ne chôme pas, trouve que tout est bien, tout est à souhait, et se demande à quoi bon tout le reste. Il ne s'est guère réveillé de son apathie que pour susciter aux missionnaires catholiques les embarras et les haines qui ont fini par les chasser de la plus grande partie de l'Abyssinie.

C'est qu'il se sentait menacé dans ses œuvres vives. La concurrence était à craindre. Comment soutenir la comparaison avec le désintéressement, la charité, toutes les vertus, en un mot, dont ceux-ci apportaient le dangereux spectacle au milieu de ces populations façonnées et résignées à leurs propres mœurs si peu canoniques et si peu scrupuleuses? Il y avait là un péril que tous ont compris.

L'*abouna* (en arabe : notre père) donna le branle. C'est le patriarche de l'Église cophte éthiopienne. Il doit être de race blanche. A sa mort, son successeur est demandé à Alexandrie, en Égypte. On l'en fait venir à grands frais, et il s'installe à Gondar, d'où il fulmine ses excommunications et lance ses anathèmes, suivant ses intérêts ou ses rancunes. On s'imagine s'il les ménagea aux pauvres Lazaristes ! Et finalement, la puissance temporelle, pour n'avoir pas à entrer en lutte avec les foudres du spirituel, dut consentir à leur éloignement.

Ce succès, il est vrai, ne porta pas bonheur à l'abouna Salama, dont la conduite honteuse était un scandale pour toute l'Abyssinie, si tolérante cependant en pareille matière; et, au moment où je me trouvais à Halaï, Théodoros, qui ne souffrait guère facilement d'autre pouvoir à côté du sien, tenait depuis plusieurs années l'évêque captif et chargé de chaînes à Debré-Thabor. Mais, pour tout cela, le négus n'en songea pas davantage à rappeler près de lui les missionnaires. Ses défiances ombrageuses avaient été excitées contre eux. Il n'en fallait pas plus; et tout bas, au contraire, je crois qu'il se félicitait de se trouver débarrassé du même coup des uns et de l'autre.

Dans cet état de choses, nul ne pensait à se préoccuper ou à se plaindre de la captivité du chef de l'Église. La situation générale du clergé n'avait eu à supporter aucun préjudice. Chacun continuait à toucher ses petits revenus et à entretenir le culte des superstitions qui en constituaient la base la plus solide.

L'intervention de saint Michel et de saint Georges ; la certitude de l'anéantissement définitif des musulmans ; l'avénement même du roi blanc promis par les prophéties pour procurer aux chrétiens de l'Éthiopie cette satisfaction vengeresse..... tout cela, autant d'articles de foi contre lesquels il n'y avait pas de doute à élever...

De temps à autre, poussé par des exhortations plus pressantes, ou pour racheter quelque faute secrète, un pèlerin partait pour Jérusalem... Sanctifié lui-même par cette visite aux lieux où s'était déroulé le drame de la Passion, il en revenait plus ardent, et apportait, par le récit de ses épreuves, par le tableau des persécutions de l'Église chrétienne, par l'évocation du martyre du Fils de Dieu, des aliments nouveaux à la ferveur de ses compatriotes, à leur haine contre l'Islam et à leur dévouement aux lois d'une religion dont ils oubliaient volontiers le ministre,

10

pour ne plus voir que les malheurs passés et le triomphe à venir.

On me montra une de ces personnes. C'était une vieille femme, d'aspect débile, qui un beau matin, sans ressources, sans en connaître le chemin, était partie pour Jérusalem. Elle était restée deux ans absente. On l'avait presque oubliée, lorsqu'un jour elle reparut. Elle revenait bel et bien effectivement du sanctuaire vénéré. Comment avait-elle fait? Comment avait-elle vécu tout ce temps? C'est à peine si elle le savait elle-même. Depuis son retour, entourée de respect et d'égards, elle menait une existence paisible, choyée et soignée par tous, trophée vivant de l'influence du clergé indigène.

C'est ainsi que, tantôt chez moi, où se pressait parfois une foule de visiteurs beaucoup trop importune, tantôt en parcourant moi-même le pays, en allant chez les uns et chez les autres, je trouvais le moyen de me mettre au courant des idées, des préjugés, des mœurs de ce monde nouveau où je me proposais de pénétrer. Un des chefs du voisinage vint m'inviter à passer quelques jours chez lui. C'était un homme estimé et considéré. Je pouvais sans crainte me confier à son hospitalité. J'acceptai. Il habitait un village à deux jours de marche d'Halaï.

Nous partîmes ensemble. A notre arrivée, deux fort belles filles vinrent nous saluer au seuil de la maison, espèce de long édifice appuyé comme tous les autres au flanc de la montagne, avec une vérandah spacieuse sur la façade regardant la campagne. C'étaient les filles de mon hôte. Prévenues par un exprès, elles nous attendaient.

A peine descendu de cheval, on me conduisit dans une pièce préparée à mon intention; puis deux servantes entrèrent, m'apportant un bassin et de l'eau tiède pour me laver les pieds, avec un vase de lait et des rayons de miel empilés sur des galettes de tief... Traitement généreux pour un voyageur fatigué et affamé. La famille était catholique, et dociles aux conseils des missionnaires, ces demoiselles apportaient dans leur attitude et leur toilette plus de réserve et de modestie que la plupart des autres jeunes filles du même âge. Outre la robe ou chemise, la *chemmâa,* qui leur voilait une partie de la poitrine, elles portaient, à partir de la ceinture, une longue jupe traînant jusqu'à terre, faite en peau de chevreau. Lorsqu'elles marchaient, c'était un froufrou assez harmonieux.

Je passai quelques heures fort agréables en leur société. Au bout de peu d'instants, nous étions d'une intimité des plus cordiales. Mon mince bagage avait été fouillé et mis aussitôt sens dessus dessous par leurs mains curieuses. J'avais apporté différents petits objets pour elles; des colliers de verroterie, des miroirs, des pots de pommade. Les parures furent tout d'abord revêtues; puis lorsqu'elles en vinrent aux miroirs, qu'elles aperçurent leur image gracieuse reflétée dans ce morceau de verre d'un genre qu'elles n'avaient jamais vu, ce furent des exclamations, des cris de joie à rassembler tout le village.

Quant à la pommade, elle eut un autre sort. Parfumée à je ne sais quelle essence de rose ou de jasmin, je m'imaginais que ce serait dans leur coiffure une substitution avantageuse au beurre rance ou à la graisse fondue que les femmes d'Abyssinie emploient généralement pour oindre et assouplir leurs cheveux. Mais à peine eus-je déballé mes pots qu'elles y fourrèrent le doigt, et le portant au nez, de là à la bouche, goûtèrent immédiatement cette friandise appétissante. J'essayai vainement de leur en faire comprendre la destination; la chose était de leur goût, paraît-il; toute la provision y passa. Un pain de savon que je me réservais devint le partage du père. Après qu'il l'eut avalé, en le grignotant comme un bonbon, je tremblais que n'arrivât le tour des coliques ou des vomissements, et alors je pouvais être suspecté d'empoisonnement ou de tout autre maléfice. Mais pas du tout. Cela alla le mieux du monde, et mon homme, mis en appétit, ordonna sur-le-champ qu'on nous apprêtât à manger.

Un angareb fut arrangé pour moi, lui s'installa tout bonnement à terre, et ses domestiques, d'accord avec les miens, se mirent en devoir de nous servir.

Le premier mets apporté fut une sorte de purée rougeâtre, dans une grande sébile de bois, des haricots rouges, m'imaginai-je. Assez privé de légumes et rassasié de viande depuis que je voyageais, j'éprouvai du plaisir à cette vue, et comme mon hôte me faisait des gestes engageants accompagnés d'un langage que je ne comprenais pas, je supposai qu'il m'invitait à commencer; aussi, sans plus de façons, je plongeai ma cuiller dans la purée. Mais à peine y eus-je touché des lèvres que je poussai un cri. C'était comme si j'avais avalé une cuillerée de plomb fondu. Ma gorge était en feu; je crachais, je toussais, je suffoquais. Bref, cette purée de haricots n'était rien autre que du poivre rouge. Ce que j'avais attaqué si vaillamment n'était pas un plat; ce n'était qu'un assaisonnement pour la viande qui allait suivre : du *chiro!*

Elle suivit, en effet... Une cuisse de vache toute crue qu'on suspendit à un bâton entre nous deux. Mon homme, avec un couteau effilé, s'y taillait des languettes qu'il trempait ensuite consciencieusement dans le chiro, puis s'introduisait le tout dans le gosier. Pour ne pas le désobliger, une fois la première douleur calmée, je tentai de l'imiter.

Je découpai un tout petit morceau de cette chair presque encore toute palpitante et je l'enduisis avec précaution d'une mince couche du condiment en question.

Eh bien, vraiment, je ne trouvai cela ni mauvais, ni répugnant. L'effet du poivre rouge produit une cuisson factice qui modifie assez le goût de la viande crue, pour qu'en somme ce ne soit guère plus désagréable à avaler que les biftecks saignants dont se délectent chez nous certains gourmands. Néanmoins, par une attention délicate, à ce mets éminemment national avaient été joints pour moi un quartier d'antilope et deux pintades tuées au courant du chemin, auxquels mon hôte ne toucha pas, mais sur lesquels je me dédommageai du mécompte que m'avait causé ma précipitation.

La sensation douloureuse dont je lui étais redevable, et qui ne s'était pas encore éteinte, reportait mes souvenirs à une scène bien différente. Trois ans auparavant, en compagnie de pas mal d'autres officiers français, j'avais commis la folie d'aller prendre part à l'insurrection polonaise. La jeunesse conservait encore chez nous d'enthousiastes illusions pour cette cause irrévocablement perdue, et je les partageais. Incorporé dans l'armée nationale, je pris part à différentes expéditions, et lors d'une certaine marche en avant que je n'oublierai jamais, le sort m'avait désigné pour commander l'avant-garde chargée d'éclairer la colonne...

Un couvent de moines russes se trouvait sur notre itinéraire. Grand effroi chez ces bons religieux d'avoir à affronter la présence de tous ces gens, qu'ils étaient si disposés à regarder comme autant de brigands. Aussi, du plus loin qu'ils nous aperçurent, dépêchèrent-ils vite à notre rencontre les deux ou trois plus braves d'entre eux pour tâcher de nous fléchir.

C'est à peine si d'abord ceux-ci se risquent à jeter sur nous un regard tremblant. A la fin, cependant, ils s'enhardissent, et le plus courageux demande « le chef »... Je me présente, je les accueille et me prépare à les écouter.

Tout étonnés de se voir au milieu de soldats disciplinés et respectueux, au lieu de la horde turbulente à laquelle ils s'attendaient, ils me prient alors, de la part de leur supérieur, d'arrêter ma troupe à la porte d'entrée, sans lui permettre de pénétrer à l'intérieur. J'accède naturellement à ce désir. Je fais faire halte. Les armes sont mises en faisceau. Seulement, nous étions au gros de l'été, la chaleur était accablante, je réclame pour mes hommes quelques rafraîchissements. Les bons pères rassurés s'empressent de me satisfaire, et le révérend supérieur, sortant de sa cachette, paraît lui-même pour me supplier de me rendre, avec l'autre officier qui m'accompagnait, dans un salon particulier, où il sollicite la faveur de nous servir personnellement. Comme tout le monde, j'étais harassé. L'offre me semblait séduisante, et, mes dispositions prises, j'entrai.

Au bout de quelques instants, on apportait un plateau couvert de flacons, de verres et de friandises. Mon camarade, un Polonais pur sang, celui-là, se verse une rasade et la vide d'un trait. Le liquide avait un aspect innocent d'eau fraîche et pure. Je veux en faire de même. Mais à la première gorgée, ce fut comme pour le chiro, je croyais avoir absorbé de la lave brûlante... C'était de la *vodka,* cette fameuse eau-de-vie de grain, d'une force à tuer un bœuf, et que le palais endurci de tout Slave altéré savoure avec délices.

Mais ne perdons pas de vue l'Abyssinie...

A peine le lendemain matin étais-je debout, que les voisins nous apportèrent une fâcheuse nouvelle.

Les bandes de Goubesié se rapprochaient. Des rôdeurs avaient été reconnus dans les environs, et si je ne voulais me voir coupé d'Halaï, il fallait me hâter de repartir.

Malgré la vive contrariété que j'en éprouvai, je n'attendis pas une minute. Sous la conduite d'un guide sûr, je repris le chemin que j'avais suivi la veille, et le surlendemain, je me retrouvai sans plus d'alarmes chez le vieil ami de M. Arnaud d'Abbadie.

Tout le village était en rumeur. On ne m'avait pas donné de faux renseignements en signalant la présence des rebelles dans le canton. Leur mouvement avait un but, celui de couvrir et de protéger les négociations que Goubesié se proposait d'entamer avec les gens d'Halaï, et ses envoyés arrivaient par un autre sentier, presque en même temps que moi. Ils étaient au nombre de trois, et venaient, de la part de leur maître, engager es habitants à reconnaître son autorité pour s'unir contre l'ennemi commun, l'usurpateur qui se faisait appeler le négus Théodoros. Bien qu'il n'y eût eu encore aucune parole précise d'échangée à cet égard, les termes de leur message n'en avaient pas moins déjà transpiré, et avant l'assemblée des notables qui, deux jours après, devait se réunir pour en écouter officiellement l'expression, nombre de conciliabules secrets se tenaient chez les uns et chez les autres, dans le but d'en préparer la réponse avec réflexion.

Dès le principe, j'avais nettement déclaré que, lié comme je l'étais par une démarche antérieure auprès du dedjatch Haïlou, je ne voulais en aucune façon être mêlé aux négociations, mais que si l'on me demandait un conseil, je pousserais fortement mes amis à ne pas prendre à la hâte une résolution qui, en leur aliénant la bienveillance de leur souverain, pouvait dans l'avenir leur ménager d'amers regrets. Je n'avais point encore, il est vrai, de réponse de son gouverneur de l'Hamacen, mais qui savait, ajoutais-je, si celui-ci n'allait pas se charger de l'apporter lui-même par un mouvement offensif, à son tour, contre Goubesié ?

J'en étais là de mes discours, lorsqu'on

m'annonça inopinément la visite d'un des trois envoyés, le propre beau-frère de Goubesié, qui attendait à la porte. Pris ainsi à l'improviste, il me devenait difficile de ne pas le recevoir. Il entra donc.

C'était un beau jeune homme, bien découplé, au regard vif et intelligent, de taille moyenne, et le teint très-noir. Il se nommait Kassa, et comme il parlait l'arabe fort couramment, nous pûmes causer sans le secours d'un interprète.

De la situation politique, pas un mot. Avec une réserve pleine de tact, il laissa entièrement de côté ce sujet. Il se borna à me dire qu'ayant appris qu'un seigneur français était de passage à Halaï, et n'ignorant pas combien la France est l'amie de l'Éthiopie, il était venu me saluer. Adroitement, il chercha à s'informer de mes intentions, du but de mon voyage, puis il se leva en me disant qu'il habitait Adoua, et que si mes projets m'amenaient de ce côté, il serait heureux de me recevoir dans sa maison. Le meilleur accueil m'était assuré d'avance auprès de son beau-frère le dedjatchmatch Goubesié, dans le cas où j'aurais le désir de me rendre près de lui.

Je le remerciai de ces bonnes paroles, sans y répondre davantage, et nous nous séparâmes.

J'étais loin de me douter, en le regardant s'éloigner, que je venais de serrer la main à ce Kassa, futur roi du Tigré, et aujourd'hui négus de toute l'Éthiopie, sous le nom de Johannès !

C'était lui, en effet. On connaît son histoire. Prince de la maison royale, et fuyant les embûches de Théodoros, il avait cherché refuge près de Goubesié, dont plus tard il épousa la sœur Lorsque les Anglais envahirent l'Abyssinie, ce dernier, bien que toujours en lutte avec le négus, n'avait pas voulu accepter leurs propositions d'alliance et avait reculé devant eux. Il fallait cependant à tout prix, suivant ses traditions habituelles, à la Grande-Bretagne un compétiteur plus ou moins sérieux à opposer à l'ennemi qu'elle venait combattre et détrôner. Kassa était demeuré à Adoua. On jeta les yeux sur lui; et pour les besoins de la cause, il fut improvisé par la politique anglaise roi du Tigré.

Plus tard, quand Théodoros eut été tué et que ses alliés furent partis, ce fut pour lui une guerre à soutenir contre son ami Goubesié. Les hostilités durèrent deux ou trois ans, sans avantages bien marqués; mais enfin, à une grande bataille, Goubesié fut défait et fait prisonnier. Ne voulant pas le tuer, son beau-frère se borna à lui faire crever les yeux... Le malheureux doit, à l'heure qu'il est, traîner sa misérable existence derrière les murs silencieux de quelque amba.

Quant à son fortuné rival, depuis surtout sa campagne victorieuse contre l'Égypte, négus incontesté et couronné dans la cathédrale d'Axoum, il règne en paix aujourd'hui sur le vieux trône d'Éthiopie... Pauvre petit Kassa, qui me l'eût dit, lorsque je te rencontrai à Halaï ?... Mais qui me dit aussi que tu y resteras, et que bientôt un révolté heureux ne se lèvera pas pour te précipiter à ton tour du pouvoir ? Car c'est ainsi que les choses se passent et se passeront désormais longtemps encore dans cette triste Abyssinie, depuis qu'elle a inauguré l'ère des révolutions et des usurpations. Dieu veuille, là comme ailleurs, y mettre vite un terme !...

La réunion des notables eut lieu. Ils étaient une vingtaine, assis en rond par terre, muets et graves comme il convient à des gens sur la tête desquels repose une aussi lourde responsabilité. Les ambassadeurs de Goubesié exposèrent l'objet de leur mission. Ce ne fut pas Kassa qui porta la parole ; ce fut un nommé Gœrglé-Gœrguis, le chef même, à ce qu'on me raconta, des troupes rebelles qui campaient aux environs.

Dans un discours habile, il s'efforça de démontrer le droit de son maître; puis, abordant l'énumération de ses forces, il ne négligea rien pour prouver à ses auditeurs de quel prix devait être à leurs yeux une pareille amitié, tout l'intérêt qu'ils avaient à se la concilier, et protestant, enfin, que leur cause et celle de Goubesié n'en formaient qu'une :

« Ce n'est pas à des sujets, termina-t-il, que ce prince prétend imposer un joug. En venant à vous, vous proposant de substituer ses propres lois à celles dont le poids arbitraire pèse sur les peuples du Tigré, c'est à des amis, à des frères, qu'il tend la main pour s'unir contre le tyran de l'Éthiopie, et les aider à reconquérir les bienfaits d'une liberté dont à jamais dans l'avenir le respect lui sera sacré. »

L'Abyssin est d'un caractère essentiellement prudent et madré. D'un coin obscur où l'on ne pouvait m'apercevoir, j'observais l'impression produite. Elle ne se manifestait pas encore. Chacun attendait que son voisin élevât la voix. A la fin, sans changer d'attitude, et sur un ton d'abord monotone, mais qui s'anima bientôt, un des plus anciens commença :

« Je suis un vieillard, dit-il, et j'ai vu bien des changements dans ce pays. Ce n'est donc pas la première fois que j'entends des discours dans le genre de celui qui vient de vous être adressé. Et dedjatchmatch Oubié, et dedjatchmatch Negousié, et le négus Théodoros lui-même, lorsqu'il n'était pas encore négus; tous, comme aujourd'hui dedjatchmatch Goubesié, tous, avant de devenir nos maîtres, nous ont fait parvenir les mêmes propositions de paix et d'amitié. Nous étions pour eux des frères. Leur succès devait être le nôtre, et plus qu'eux-mêmes nous devions être appelés à en profiter. Plus d'impôts à payer, plus de soldats à nourrir. Chacun de ces princes, tour à tour, nous promettait la richesse et la prospérité si nous nous joignions à lui pour l'aider à réussir dans son entreprise. Puis, quand nous nous étions laissé persuader, que nos fils étaient allés se faire tuer pour eux, que nos récoltes, que tous nos biens avaient été gaspillés pour leur service, que nous leur avions livré leurs ennemis, que, grâce à notre concours et à nos efforts, de petits et faibles qu'ils étaient au début, ils avaient fini par devenir puissants et forts, c'était notre tour... Nous les amis et les frères de la veille, lorsqu'on avait besoin de nous, nous n'étions plus, le lendemain, que des sujets turbulents si nous rappelions les promesses convenues, ou des rebelles si nous murmurions des plaintes. Croyez-moi, il en sera encore de même avec dedjatchmatch Goubesié. Aujourd'hui, nous avons pour maître le négus Théodoros, gardons-le !

« Nous lui avons jusqu'à présent payé régulièrement nos taxes. Il est satisfait. Il est grand, il est fort; il n'a plus rien à nous demander. Dedjatchmatch Goubesié, au contraire, est encore maigre; il veut engraisser, et c'est sur nous qu'il compte pour y arriver. Ses flatteries n'ont pas d'autre but. Mes frères, restons avec celui qui est déjà repu. Nous n'avons plus à redouter sa faim. L'autre, après nous avoir caressés, nous mangera. J'ai dit. »

A ce langage, digne d'être compris et médité en bien d'autres pays que l'Abyssinie, succéda un grand tapage. Si hésitants d'abord, tous maintenant gesticulaient et parlaient ensemble, les uns pour, les autres contre. Sous le prétexte du bien public, chacun obéissait naturellement à son mobile particulier, celui-ci pour conserver ou augmenter ce qu'il possédait, celui-là pour acquérir ce qu'il n'avait pas. La scène était vraiment à la hauteur de toutes les scènes politiques de l'Europe. Finalement, en parlementaires accomplis qu'on était, l'assemblée se sépara sans rien conclure. On nomma peut-être bien une ou deux commissions; mais je n'ose l'affirmer.

CHAPITRE XI

rrivée du gouverneur de l'Hamacen. — Mon entrevue avec lui. — Il me propose de me joindre à son armée. — Notre marche en avant. — Aspect des troupes. — Le camp. — Les troubadours.— L'ennemi. — Bataille de Goundet. — Mon retour à la côte.

Je sortais à peine de cette séance orageuse, lorsque je rencontrai le messager que j'avais envoyé à dedjatch Haïlou. Il me cherchait et venait d'arriver au moment même, accompagné d'un serviteur de confiance de ce dernier, chargé de me remettre en mains propres sa réponse.

Je me hâtai de rentrer chez moi pour le recevoir. On me l'annonça bientôt. Du seuil de la porte, dès qu'il m'eut aperçu, il se prosterna la face contre terre. C'est l'usage en présence des hauts personnages; et une odeur fétide emplit toute la maison. Il me suffit d'un coup d'œil pour en comprendre la cause. Sa chevelure, artistement bouclée et étagée tout autour de sa tête, était recouverte d'une calotte de graisse blanche pulvérisée, déjà à moitié atteinte par le soleil. C'est le suprême du genre de l'élégance éthiopienne.

Il faut quelquefois toute une journée pour s'oindre proprement de ce cosmétique intéressant, et la coiffure obtenue rappelle alors assez fidèlement, durant les premières heures, les perruques poudrées du dix-huitième siècle. Mais, au bout de peu d'instants, lorsque la graisse commence à fondre, c'est un parfum à faire évanouir tout autre qu'un fabricant de chandelles.

Je fus obligé de faire signe à mon fashionable de se tenir à l'écart pendant que je prenais connaissance de la missive de son maître.

En peu de mots, dedjatch Haïlou me recommandait d'attendre à Halaï des instructions définitives, qu'il ne tarderait pas à me faire parvenir.

Elles devaient tarder si peu que, le soir même, j'appris simultanément, et le départ précipité des envoyés de Goubesié qui, sans plus de résultat, se repliaient en hâte sur leurs lignes, et l'approche du gouverneur de l'Hamacen à la tête d'une armée. Les habitants du village avaient donc sagement agi en ne se pressant pas d'accueillir les ouvertures du chef rebelle. Pour moi, je me mis en mesure d'aller, dès le lendemain matin, à la rencontre du lieutenant de l'empereur. Le kantibah, ainsi que l'orateur de la veille et quelques autres des principaux, m'accompagnaient.

Nous découvrîmes son avant-garde à deux ou trois heures de distance, au plus. Après quelques pourparlers, celui qui la commandait nous laissa passer, en nous indiquant la direction du gros des troupes...

C'était, de loin, une masse confuse, s'avançant pêle-mêle, au gré et à la fantaisie des individus.

De près, le désordre était moins grand, et l'agencement des groupes semblait, au contraire, soumis à des règles précises d'organisation et de discipline. Tous à pied et uniformément vêtus de la petite culotte, jusqu'à mi-jambe, avec la toge rabattue au-dessous des épaules et roulée autour du corps comme une ceinture. Les hommes armés seulement de la lance et du bouclier marchaient les premiers. On distinguait aisément les chefs à leur maintien sévère, à je ne sais quoi de plus recherché dans l'équipement. Ce n'étaient que des chefs subalternes, cependant, car tout ce qui occupait un rang supérieur entourait Haïlou.

Bientôt celui-ci parut derrière un peloton de fusiliers assez bien alignés et aux allures vraiment martiales. Il était à cheval, vêtu d'une espèce de tunique de soie rouge, par-dessus laquelle était jeté son quârri, et sans armes. Deux ou trois écuyers les portaient devant lui : un fusil de chasse à deux coups, son bouclier, sa lance. A ses côtés, deux pages de quinze à seize ans, dont l'un tenait sur son front un parasol de paille très-finement tressée. Plus loin, caracolaient une dizaine de cavaliers, son fils entre autres, qu'on me montra, et ses officiers favoris. Tout ce monde pieds et têtes nus ! En Abyssinie, à commencer par l'empereur, on ne connaît pas plus la chaussure que la coiffure. L'orteil seul repose sur l'étrier.

Nous nous tenions sur le flanc de la colonne, mes compagnons et moi. A peine ceux-ci eurent-ils aperçu le dedjatch qu'ils sautèrent à bas de leurs montures et se précipitèrent pour lui baiser la main. Le kantibah lui murmura quelques mots à l'oreille, et je vis l'œil unique du général se tourner vers moi, en même temps qu'il m'adressait un salut du geste. Là-dessus, je piquai des deux et je me joignis à son cortége, sans y être autrement autorisé. Cette action parut ne pas lui déplaire, car il me fit immédiatement exprimer quelques paroles de courtoisie et de bienvenue. Tout cela, sans s'arrêter, sans ralentir la marche. Nous étions aveuglés par une poussière intense que soulevait la cavalerie, à peu de distance en arrière de nous.

Jusqu'à la halte, il n'y eut pas un mot d'échangé. A ce moment, le kantibah s'approcha et m'avertit que dedjatch Haïlou aurait un entretien avec moi, dès que le camp serait installé. Il m'enverrait prévenir. Nous nous étions arrêtés à deux ou trois kilomètres d'Halaï, au pied d'un mamelon qui surveillait assez bien la campagne. Je rentrai chez moi, en attendant l'heure de l'audience.

Le jour tombait lorsqu'un officier vint me chercher. Il m'apportait en même temps, de la part de son maître, une invitation au festin que celui-ci donnait le soir même aux principaux personnages. Avant que nous eussions atteint le quartier général, la nuit était descendue, et toute une ligne de feux s'étendait devant nous, comme pour éclairer nos pas. En approchant, je distinguai des huttes de feuillage, élevées à la hâte; çà et là, quelques tentes, celle d'Haïlou facile à reconnaître par la foule plus compacte qui stationnait auprès.

Les soldats allaient et venaient, attisant les feux ou montant la garde; on égorgeait des animaux, on étalait les vivres pillés en route ou apportés de chez soi. Des quantités de femmes s'agitaient, les unes pétrissant le pain, les autres préparant le tedj. Plus en arrière, les chevaux hennissaient, les hommes criaient, des troubadours chantaient au son de leurs instruments criards. C'était un brouhaha indescriptible.

En dépit des sentinelles avancées que je croisai sur mon chemin, deux ou trois cents gars décidés se jetant à l'improviste sur cet amas de bêtes et de gens eussent bien aisément bousculé le tout en un quart d'heure. Et cependant, à ce que m'apprit mon guide, j'avais là sous les yeux de cinq à six mille hommes...

Les convives de dedjatch Haïlou étaient déjà réunis lorsque je pénétrai dans sa tente. Je pris place près de lui sur un angareb; à son côté se tenait accroupi le kantibah d'Halaï, qui devait nous servir d'interprète. Malgré cette attention, la conversation entre nous deux fut peu animée. La joie était bruyante autour de nous; les viandes empilées, saignantes ou bouillies, les galettes de tief, disparaissaient rapidement; les cruches de tedj circulaient. Les serviteurs empressés suffisaient à peine à satisfaire la soif des buveurs.

Ce fut le moment que choisit un des guerriers de l'assistance pour entonner sa *fakara* ou chant de bravoure. C'est un usage parmi la noblesse abyssine, dans les occasions solennelles, devant un chef puissant, de réciter sur un air belliqueux ses propres exploits et de célébrer sa valeur. Celui qui se leva était décoré de la *lemd* ou peau de lion découpée en lanières, insigne de courage dont on se revêt les épaules, et il portait, enroulés à l'avant-bras, des bracelets d'or et d'argent qui lui avaient été décernés à l'occasion de quelque action d'éclat.

« Écoutez tous, s'écria-t-il, c'est moi qui suis Tisamma Salou, le guerrier renommé, la terreur des braves... C'est moi qui ai tué celui-ci; c'est moi qui ai tué celui-là. A mon cri de guerre, chacun se prosterne et rentre dans la poussière... »

Et ainsi de suite, pendant trois quarts d'heure! Un second lui succéda, puis un troisième. Toujours les mêmes refrains et les mêmes bravades.

Je ne sais quand cette scène eût pris un terme; l'étiquette veut en effet que chacun écoute jusqu'au bout. Toute interruption est un défi. Par bonheur, les torches de résine allaient s'éteindre; les bruits extérieurs s'évanouissaient peu à peu. Le général se leva; ce fut le signal du départ. J'allais faire comme tout le monde, lorsque le kantibah me retint par mon habit et me fit signe de rester. J'obéis...

Dès que le dernier des officiers se fut éloigné, Haïlou revint s'asseoir près de moi.

— Tu vois, me dit-il, après les nombreuses formules de politesse usitées dans le langage raffiné des Abyssins de distinction, tu vois où j'en suis ici. J'ai reçu de l'empereur l'ordre de poursuivre Goubesié, et je marche à sa rencontre... Pour le moment, je ne saurais prendre un parti à ton égard; je ne puis que t'adresser une proposition : je te connais, je sais qui tu es; veux-tu te joindre à moi et m'accompagner dans la poursuite du rebelle?

Malgré l'inattendu de l'offre, je ne bronchai pas et protestai que j'étais prêt à le suivre. Cette réponse nette et précise sembla lui plaire.

— Eh bien! continua-t-il, tu commanderas avec mon fils l'aile gauche de l'armée. Tu me diras si nos soldats valent ceux de ton pays. J'ai entendu dire qu'ils étaient braves : ceux que je te confie le sont aussi, et je sais qu'ils seront bien dirigés. A demain. Nous levons le camp au point du jour. Tu n'as à t'occuper de rien d'ici là. Ton escorte personnelle sera à ta porte. Sois prêt.

Et d'un geste, il me congédia en se retirant lui-même. Je n'avais rien à répliquer ni à faire, si ce n'est à me hâter de rentrer chez moi, afin d'y prendre les dispositions nécessaires pour une expédition aussi peu prévue.

Mon mince bagage était bouclé, mes domestiques debout et sous les armes, lorsqu'au petit jour une dizaine de cavaliers, parmi lesquels le fils de dedjatch Haïlou, se présentaient à ma porte. Ce dernier devait en quelque sorte me servir de chef d'état-major. Ils m'amenaient un magnifique spécimen de cette race de chevaux, propre à l'Abyssinie, si vigoureux et si agiles, de petite taille, qui rappelle celle de l'Arabie. Je l'enfourchai, et nous partîmes au galop.

Il fallait rejoindre l'armée déjà en marche... Malgré moi, l'aventure me souriait; je me sentais tout ragaillardi et plein d'entrain. C'étaient les anciens jours qui revenaient, ces heures émouvantes de courses et de combats, de veilles et de bivouacs, ces heures durant lesquelles la vie coule à pleins bords, où le cœur bat, où le sang bout, et auxquelles, plus tard, la pensée se plaît à remonter comme à la source virile de sa maturité.

Le corps dont le commandement m'était dévolu se montait à quinze cents hommes environ, dont cinq cents chevaux à peu près et le reste en fantassins, sur lesquels quatre-vingts à cent fusiliers au plus. Tous, de solides gaillards, bien découplés, aux traits purs, à l'air déterminé, originaires, en partie, de l'Amahra, où se rencontre le type le plus correct de la physionomie éthiopienne.

Les éclaireurs et les espions de dedjatch Haïlou l'avaient informé que, loin de reculer devant les troupes impériales, Gœrglé-Gœrguis, le lieutenant de Goubesié dont j'ai parlé, avait massé les siennes pour marcher à leur rencontre. Suivant les probabilités, ce devait être dans la journée du lendemain que les deux armées allaient se trouver en présence.

Mais l'événement ne répondit pas à ces conjectures, et Gœrglé-Gœrguis, après avoir d'abord fait mine de prendre l'offensive, se décida à adopter une tactique plus prudente.

Avec des forces à peu près équivalentes aux nôtres, il résolut de nous attendre sur la route d'Adoua, au bord du Mareb, à Goundet, pensant avec raison que le passage de la rivière lui offrirait plus de chances de nous entamer, en même temps que des facilités de retraite plus grandes, en cas d'échec.

Nous mîmes cinq jours avant d'atteindre ce point. Sans incident particulier à signaler, la route s'accomplissait quotidiennement, dans les conditions de désordre et de confusion que j'ai déjà dépeintes. Quant à moi, j'en profitais pour introduire chez mes soldats quelques-unes de ces notions de discipline et de régularité militaires indispensables à une troupe. Je dois reconnaître qu'ils s'y prêtaient avec une docilité exemplaire, allant d'eux-mêmes au-devant des exigences que je leur imposais, et s'y soumettant avec un empressement qu'on eût trouvé difficilement ailleurs. Tant il est vrai que cette race éthiopienne est douée foncièrement de l'instinct militaire, et faite, par ses dispositions natives, pour le métier des armes.

Chaque soir, je partageais le repas d'Haïlou. La pitance était, en général, assez maigre. Tout ce plateau tigréen, accidenté, bien arrosé, est, en temps ordinaire, d'une fertilité admirable. Mais ravagé et désolé, comme il l'était depuis des mois, à tour de rôle par les uns et les autres, il n'offrait plus que des ressources bien précaires pour une armée vivant exclusivement de réquisitions, et aux besoins de laquelle nulle prévoyance n'avait jamais songé. La nuée de femmes, d'histrions, de parasites de toute espèce qu'elle traînait à sa suite, ajoutait encore le poids gênant de sa présence à celle des nécessités de la guerre.

Pour un Abyssin, moudre lui-même le grain destiné à son alimentation, s'occuper des préparatifs de sa nourriture, serait le comble du déshonneur. Il lui faut toujours une femme ou un serviteur auquel incombe ce devoir. Puis, au bivouac, il lui faut aussi les récits ou les chants des troubadours dont les strophes l'excitent au combat, et qui trouvent à faire grasse chair au milieu de ces ripailles sans contrôle. Ceux de dedjatch Haïlou nous donnaient régulièrement, après le festin, un échantillon de leur talent. Tantôt un sujet, tantôt un autre.

C'est par couple qu'ils procèdent, et la première fois, pendant plus d'une heure, sur un rhythme livré à toutes les fantaisies de leur imagination, ils me firent l'honneur de prendre pour thème mes vertus guerrières, ma générosité, ma magnificence. Ces deux qualités-là, lorsqu'ils célèbrent un héros présent, constituent le plus souvent la base du chant. C'est un appel direct à une démonstration à laquelle se refuse rarement la bourse de celui qui en est l'objet. Leur verve est en rapport avec l'ampleur du don qu'ils en espèrent.

Ne pouvant comprendre leur langage, dont une traduction hâtive ne me fournissait qu'une idée incomplète, je ne puis dire si, en ce cas, l'orgueil est plus agréablement chatouillé que l'oreille; mais ce dernier organe est, à coup sûr, mis à une rude épreuve. Maintenue, sans jamais en descendre, sur un ton de fausset à faire pleurer, leur voix uniforme et criarde vous perce le tympan comme un stylet. Ils la soutiennent, en même temps, des vibrations monotones qu'ils tirent d'une sorte de guitare à quatre cordes dont ils ne se séparent sous aucun prétexte, et dansent leur poëme aussi bien qu'ils le chantent. Chaque phrase est accompagnée de deux ou trois bonds qui les projettent en avant; puis deux ou trois autres les ramènent en arrière; et il en est ainsi toute la durée de la représentation.

Cet exercice doit être très-fatigant, et je me demandais, en les écoutant, à qui revenait plus légitimement le droit de se plaindre : aux exécutants, ou à l'auditoire! Mais, pour être vrai, j'avoue que, hormis moi, chacun paraissait prendre grand plaisir à ces divertissements.

Je suppose qu'au même moment, les rebelles en faisaient autant, sans quoi il leur eût été bien facile de nous tomber dessus et de nous administrer une maîtresse raclée à étouffer la voix de tous les musiciens de l'Éthiopie. Ce n'étaient pas les grand'gardes, dont personne n'avait jamais eu l'idée, et dont je m'épuisai inutilement à démontrer l'importance, qui nous eussent préservés. Dedjatch Haïlou se bornait à répondre à mes instances que ses espions le tenaient exactement renseigné et que cela suffisait. Il paraît qu'il avait raison, car nous ne fûmes pas inquiétés.

Ce fut seulement en arrivant à Goundet que j'aperçus l'ennemi. C'est une immense vallée au fond de laquelle, du sud-est au nord-ouest, coule le Mareb. Au haut de la falaise qui le domine, nous découvrîmes, sur l'autre bord, le camp des rebelles assis non loin du gué, pour nous en disputer le passage. Nous les imitâmes, et tranquillement nous établîmes le nôtre, tout en face, sur la rive gauche.

En voyant prendre par notre général ces dispositions, je crus pouvoir me permettre de l'interroger sur ce qu'il avait l'intention de faire. Le savait-il, en réalité, lui-même? J'en doute. Il me répondit que lorsque ses soldats seraient reposés, qu'ils auraient mangé et dormi, on attaquerait. Comment? Par où?... Il ne s'en embarrassait guère. Selon lui, on n'avait qu'à aller tout droit, à se jeter dans le fleuve, puis à marcher et à se battre... Quant au résultat... C'étaient les troupes impériales... Y avait-il à le discuter?

Tout cela pouvait être très-brave, mais c'était surtout bête. Je tâchai de le lui prouver; et par bonheur, comme je m'adressais à un homme intelligent et fin, je réussis.

Nous laissâmes, en effet, les troupes s'installer, les huttes de feuillage se construire, les hommes s'étendre ou festoyer tout à leur aise. Puis, lorsque la nuit vint, de grands feux furent allumés sur tout le front du camp faisant face à la rivière. On laissa assez de monde pour les entretenir, avec recommandation de faire le plus de bruit possible, et en silence, dès que les ténèbres furent assez profondes, tout le reste de l'armée fila pour aller rejoindre, à quatre ou cinq kilomètres de là, un second gué, en amont, que nous avait indiqué un de nos soldats né dans le pays, et qui, nous nous en étions assurés, n'était pas gardé.

Sans embarras d'artillerie ni de bagages, au bout de trois heures, le passage était effectué... Je proposai à Haïlou de ne pas perdre une minute et, ce premier pas franchi, de courir sur le camp de Gœrglé-Gœrguis, pour lui tomber dessus à la faveur de l'obscurité. Nous l'aurions infailliblement surpris, et personne n'échappait. Mais, cette fois, je me heurtai à un refus absolu. Il n'est pas dans les usages abyssins d'attaquer la nuit. Il faut la lumière du jour à leurs préjugés chevaleresques, et, bon gré, mal gré, je dus me résigner et bivouaquer là, rongeant mon frein.

A l'aube, on prit l'ordre de bataille. Il est invariable en Abyssinie. Un vaste demi-cercle, avec la cavalerie aux deux ailes, s'avançait en pinces de capricorne. Suivant nos conventions, j'occupais la gauche; en outre, j'avais obtenu l'honneur de commencer le feu. Le programme de l'action pouvait, en effet, être réglé d'avance; car ce qui se passait chez nous devait se passer également chez les autres; les mêmes dispositions adoptées, les mêmes mouvements préparés. La tradition est immuable sur ces points. Seulement, je me permis d'y introduire une légère modification.

L'ennemi prévenu avait exécuté un changement de front et venait à nous. Au lieu de l'attendre à la portée habituelle, je lançai à sa rencontre, en tirailleurs, presque tous mes hommes armés de lances, avec ordre d'attaquer aussi loin et aussi vivement que possible; puis, dès qu'ils se verraient serrés d'un peu près, de se rabattre aussitôt, en fuyant, sur mes lignes, sans se préoccuper de riposter ou de se défendre. Mon prestige était assez grand, et l'influence que j'avais acquise assez solide, pour que je n'eusse pas à redouter de désobéissance.

Le fils d'Haïlou, auquel j'avais expliqué mes plans, y était entré avec entrain et me prêtait tout son concours. Je pensais donc pouvoir agir résolûment, et, profitant d'un pli de terrain, je cachai derrière toute ma cavalerie, pendant que mes fusiliers, divisés en trois sections, se couchaient à plat ventre, un peu sur la droite.

Les choses allèrent comme je l'avais prévu. En temps opportun, nos lanciers fantassins reculèrent, puis se sauvèrent. L'ennemi enthousiasmé se lança à leur poursuite, d'abord en rangs suffisamment nourris, puis bientôt en débandade, et arrivèrent ainsi, sans les voir, sur mes fusiliers qu'ils débordèrent. Alors, quand je les jugeai suffisamment emportés par leur ardeur, sur un signe de moi, premier feu de peloton qui les prend en écharpe, deuxième feu de peloton, troisième feu de peloton, etc., six successivement, sans intervalles. Chaque coup portait. A cinquante pas, au plus, les malheureux tombaient par grappes, ou se ruaient les uns sur les autres, fous de terreur.

Jusqu'alors, dans leurs combats, l'intervention des quelques fusiliers disséminés qui y avaient pris part ne s'était manifestée que par des feux isolés et à volonté, dont on n'avait guère à redouter que la première décharge. Trop long à recharger, le fusil devenait bien vite une arme inutile entre les mains de son possesseur, qui l'abandonnait fréquemment pour revenir à sa fidèle lance. Mais la continuité de ces salves, cette fois, les frappait d'épouvante. Ils croyaient à quelque engin nouveau, à quelque terrible machine qui, sans interruption, allait continuer ainsi, pour les foudroyer tous.

Ce fut une panique sans nom. Jetant leurs armes, poussant des clameurs sauvages, de toute la vitesse de leurs jambes, les survivants rebroussent chemin en se bousculant eux-mêmes. C'était le moment que j'attendais. A la tête de ma cavalerie, en échelons, je charge cette masse hurlante, qui est sabrée, écrasée, presque sans défense. Quel massacre! C'était horrible. Un courbach (fouet en cuir d'hipoppotame) à la main, je me bornais à galoper en avant de mes escadrons, sans frapper, bien entendu. J'eusse considéré comme un crime de me laisser aller à user d'une arme contre ces malheureux dont la plupart criaient merci.

En même temps, dedjatch Haïlou, qui suivait tous les mouvements du haut d'une petite éminence, saisit l'opportunité avec une grande sûreté de coup d'œil, et à l'instant où je m'élançais, jeta toute la masse de son armée sur le reste des troupes ennemies, pour en neutraliser l'action... Renversées, rompues par les fuyards, elles ne tardèrent pas à lâcher pied à leur tour, et deux heures après, il n'y avait plus sur le champ de bataille que des morts et des blessés. Tout ce qui avait échappé fuyait vers Adoua; la victoire était complète.

Nos pertes étaient insignifiantes. Je comptais que, sans désemparer, nous allions nous précipiter sur les traces de l'ennemi dispersé, pour nous saisir d'Adoua, la capitale ouverte de Goubesié.

Grande était mon erreur. Lorsque chacun eut, dans un rayon raisonnable, pillé, volé tout ce qu'il pouvait, on ne songea plus qu'à se réjouir, à boire, et à manger. Les provisions de Gœrglé-Gœrguis passèrent de son camp dans le nôtre, et voilà tout. Les trophées humains, les têtes coupées, les armes conquises, tout cela fut bien mis en évidence, puis les danses et les chants commencèrent.

Si j'avais eu un intérêt plus direct à l'affaire, je me serais dévoré les poings. Mais, en somme, ce qui pouvait en advenir me laissait bien indifférent. Mêlé par le hasard à ces événements, j'y avais joué le rôle qu'il m'avait assigné, et j'y assistais en spectateur. Quant aux résultats, qu'ils fussent noirs, blancs ou rouges, peu m'importait! Seulement je me pris à envisager froidement ma situation. Quelle allait être l'issue de cette équipée? Où allait-elle me conduire? Je m'étais laissé, par une effervescence spontanée, entraîner à me jeter sans motif au milieu de ces scènes de carnage. Mais pouvais-je m'y associer plus longtemps?...

Non! je n'avais à prendre qu'un parti, celui de m'en tirer le plus vite possible; et bien résolu à ne pas me fourvoyer davantage dans la bagarre, malgré toute la gloire que j'avais conquise et que j'entendais porter aux nues autour de moi, je n'eus plus qu'une préoccupation : celle de quitter l'armée pour retourner à Massaouah, à l'ombre de notre pavillon consulaire.

Dans le but d'obtenir cette permission, je me rendis chez dedjatch Haïlou. Avec une effusion pareille à celle qu'il m'avait déjà témoignée à l'issue de la bataille, il se leva pour me serrer la main, aussitôt qu'il me vit. Mais une nombreuse assistance, comme toujours, l'entourait. Je dus remettre à un autre instant notre conversation. En revanche, les inévitables troubadours arrivèrent. Ils allaient, une fois de plus, attaquer leurs variations connues sur ma valeur et ma générosité, lorsque je pris la liberté de les arrêter tout net.

— J'avais admiré suffisamment, dis-je, jusqu'alors, leurs chants guerriers et leurs mâles accents; je désirais maintenant entendre une chanson d'amour.

Et avec l'assentiment du général, je réclamai une de ces épopées plaintives où excelle également la poésie éthiopienne.

Ils accédèrent à ma prière, et le prélude terminé, voici à peu près textuellement ce qu'ils nous récitèrent :

O mon amante, où es-tu, toi qui m'as quitté ?
Mon cœur se souvient :
Voilà ton cou plus flexible que celui de l'autruche aux plumes blanches ;
Voilà tes yeux, près desquels pâlit en se levant l'étoile du matin ;
Voilà tes narines, aussi noires que les fruits de l'ébernett ;
Voilà tes dents, mieux rangées que les petits de la tourterelle sous l'aile de leur mère ;
Voilà tes lèvres, plus roses que le corail qui dort au fond des eaux ;

Voilà tes lèvres, auprès desquelles le lait de la chamelle n'a plus de saveur ;
Voilà tout cela, tout cela, dont je voudrais goûter.
Oui, au nom de Dieu, mon cœur se souvient ;
Mais, ô mon amante, où es-tu, toi qui m'as quitté?

Et ces paroles, dans leur naïveté, murmurées sur un rhythme plaintif et langoureux, jetées de l'un à l'autre par les musiciens se balançant en cadence, s'imprégnaient d'un charme mélancolique qui, malgré vous, vous pénétrait en vous serrant le cœur.

Superflu d'ajouter que, pour n'avoir pas été célébrée directement, ma munificence n'en fut pas moins largement mise à contribution. En prenant congé de dedjatch Haïlou, j'avisai le kantibah d'Halaï. Je lui fis signe, et en le mettant rapidement au courant de mes desseins, je le priai d'en transmettre l'expression à qui de droit.

Le lendemain, au point du jour, il m'apportait la réponse. Le général m'informait qu'il venait d'apprendre que, du fond du Lasta, où il était occupé à guerroyer, Goubesié accourait lui-même en toute hâte avec des forces imposantes. L'armée victorieuse, à son tour, allait donc battre en retraite pour regagner l'Hamacen. Je n'avais plus qu'à suivre le mouvement.

J'étais, je dois l'avouer, accablé de remercîments par dedjatch Haïlou. Il ne me ménageait pas les expressions de sa gratitude, et dans un message qu'il avait, du champ de bataille même, expédié à Théodoros, il s'était plu à exalter le service que j'avais rendu à la cause impériale. Comment le reconnaître me demandait-il?.. Quelles faveurs pouvais-je désirer? Il était prêt à tout pour m'être agréable! On voyait que la seule chose, précisément, qui me tenait au cœur était celle dont la perspective lui était le plus pénible. D'un côté, je le crois, il était réellement affligé de me voir partir; de l'autre, il redoutait le mécontentement du négus, qui certainement, après ce qui s'était passé, allait me mander près de lui. Néanmoins, lorsque nous nous fûmes un peu plus éloignés du Mareb, après de nouvelles instances de sa part, non moins infructueuses que les premières, il n'osa plus me retenir...

— Pars donc, me dit-il; mais rappelle-toi que tu auras toujours en dedjatch Haïlou un ami!

Et moi aussi je demeurai le sien, et j'éprouvai un vrai chagrin à me séparer de cet homme, non moins remarquable, dans ce milieu farouche, par sa supériorité intellectuelle que par les qualités morales dont sa conduite offrait la preuve. Cet attachement inébranlable à son souverain, dans l'adversité comme dans le succès, devenait un trait de réelle grandeur d'âme, au milieu de toutes les compétitions sans pudeur qui sollicitaient sa conscience.

CHAPITRE XII

Le Tarenta. — Un mancenillier. — Mes chasses quotidiennes. — Une rencontre. — Le Djebel-Gueddam. — Zoula. — Les ruines et la baie d'Adulis. — Les tombeaux des Rôms. — Sanafé. — Le rivage du golfe.

Je ne devais pas repasser par Halaï, et le kantibah y avait été dépêché pour me faire expédier tous les bagages que j'y avais laissés, à Tokounda. Là, en effet, je pris congé de l'escorte qui m'avait été fournie pour me protéger dans la traversée des territoires d'une fidélité douteuse. Le chef du village me donna l'hospitalité. Il avait une fille de quinze à seize ans, belle, sous sa peau noire, à faire rêver.

Mais j'appréhendais que, pour une cause ou pour une autre, Haïlou revînt sur ses bonnes intentions, et j'avais hâte de quitter les contrées soumises à son autorité. Je ne m'attardai donc pas à admirer ma charmante hôtesse, non plus que les magnifiques pigeons bleus et noirs, plus gros que les palombes des Tuileries, qui picoraient sous la vérandah où, assis près d'elle, j'écoutais son babil. Dès les premières lueurs du jour je me mettais en selle, et une heure après, j'abordais les sentiers escarpés du Tarenta, qui mènent à la mer.

Quelle dégringolade que cette descente du Tarenta! Encore pis que d'Hebo à Halaï. C'était à donner le vertige. Les pierres que je heurtais du pied roulaient dans l'abîme, sans que mon oreille perçût, du fond, le bruit de leur chute. Il ne me fallut qu'une demi-journée pour effectuer cette route, tandis qu'elle demande deux jours en sens contraire.

Au bas, c'est le torrent d'Addas. Pas d'autre chemin que le sentier qui borde son lit, ou se confond avec lui. Après m'être reposé et avoir déjeuné auprès d'une cascade fraîche et limpide, je me mets en devoir d'en suivre les sinuosités avec celles du ravin qui sépare les deux chaînes entre lesquelles il s'est frayé une voie.

Le soir, quand j'atteins le lieu de campement, j'aperçois un bivouac déjà installé. Ce ne sont pas des Chohos; car, de loin, je distingue des vêtements et des fusils. En approchant, je reconnais Achmet-Areï, le frère du nahib d'Arkiko, avec un détachement de ses soldats. Grande joie des deux parts. Il est accroupi sur un vieux tapis de Smyrne, et me fait asseoir à ses côtés, pendant que ses hommes nous apportent du café exquis. Il me donne des nouvelles de Massaouah. Elles n'ont rien d'intéressant. En revanche, il m'adresse beaucoup de questions sur ce que je viens de faire, et ce qui se passe en Abyssinie. Il me laisse comprendre qu'il va rejoindre Goubesié, non pour s'unir ostensiblement à lui, mais du moins pour préparer, en cas de succès, une entente ultérieure dont il pourrait tirer profit.

Je me garde, bien entendu, de tout conseil, et le lendemain matin, nous nous serrons la main, pour reprendre chacun une direction opposée, en nous donnant rendez-vous à Arkiko. Pendant toute la nuit, un lion avait rôdé aux alentours de notre camp, en faisant retentir les échos de sa grande voix menaçante. J'entendais les gens d'Achmet-Areï qui se disaient entre eux et de bonne foi :

— Nous pouvons dormir tranquilles. Il sait bien qu'Achmet-Areï est avec nous, et il n'osera pas nous attaquer.

Que ce fût cette raison ou une autre, toujours est-il qu'il nous laissa en paix. Dans la journée, tout en marchant et tout en chassant en tête de ma caravane, j'arrivai sous un fort bel arbre, au feuillage touffu et élevé. Des fruits jonchaient le sol. Ils avaient l'aspect de ces pommes de Bretagne, un peu allongées, et très-rouges sur l'une des faces. J'en ramassai un, et j'y aurais volontiers goûté sans la règle prudente que je m'étais imposée de ne me laisser entraîner à aucun de ces essais avant d'avoir consulté quelque indigène.

Ibrahim, auquel je le montrais dans ce but, me l'arracha des mains et le jeta au loin, en murmurant toutes sortes d'objurgations. L'arbre sous lequel je m'étais arrêté n'était autre qu'un mancenillier. Si l'ombrage n'en est pas absolument mortel, comme nous l'enseigne l'opéra de l'*Africaine*, à la suite de tant de traits plus ou moins inventifs de l'histoire naturelle, il n'en est pas moins malsain, et son fruit est vraiment un poison.

Dans les flaques d'eau du torrent dont je continue à suivre le lit, des centaines de petites tortues, grosses comme le poing, prennent leurs ébats. A travers les anfractuosités du roc, des marmottes montrent leurs têtes, et des myriades de singes gambadent plus haut au milieu des arbres.

J'ignore le nom des espèces que j'ai sous les

yeux; mais elles sont variées, et une entre autres m'étonne particulièrement : c'est une grande bête fauve, avec une fourrure épaisse jusqu'à la ceinture et une crinière qui rappelle celle du lion, puis la partie inférieure du corps recouverte d'un poil complétement ras. Ces animaux sont insupportables et savent habilement profiter des circonstances pour vous molester sans courir de risques.

A un des repos du soir, mon domestique chargé de couper l'herbe des mules pour la nuit était parti déjà depuis longtemps et ne reparaissait pas. Inquiet, je prends mon fusil et me dirige, à mon tour, du côté où il était allé. Au bout de deux ou trois cents pas, je le découvre entouré d'une bande de singes qui le harcelaient à qui mieux mieux et lui barraient le passage. L'un d'eux s'était même juché sur la botte d'herbe que l'homme avait placée sur sa tête. A ma vue, et surtout à la vue de mon arme, les voilà qui décampent et se sauvent dans le fourré voisin. Je tire un coup de feu sur la troupe, et aux cris perçants qui y répondent, je juge en avoir grièvement blessé un.

En effet, une femelle de l'espèce décrite plus haut gisait à terre. Au moment où j'allais la relever, elle expirait, mais un petit lui restait suspendu au cou. Malgré ses plaintes, je l'en ôtai et l'emportai. Un peu triste au début, les caresses et un régime substantiel l'eurent vite consolé. Par la suite, il se montra beaucoup plus intelligent que la plupart des noirs auxquels j'avais affaire.

Dans toutes ces chasses pantagruéliques auxquelles je me livrais, ce qui me frappait, c'était l'abondance des pintades. Cet oiseau vit en compagnies, comme les perdrix. Souvent, le soir, toutes les compagnies de la même région se réunissent sous un seul abri. Une fois, au coucher du soleil, je pénétrai sous un couvert où j'avais vu s'en remiser une. A peine y avais-je mis le pied qu'un bruissement d'ailes, des caquetages confus, des craquements de branches, de feuilles froissées, saluent mon apparition. Puis un vol assourdissant, des cris aigus... Plus de trois à quatre cents pintades dont j'avais troublé le sommeil s'envolaient... Vous dire si les coups de fusil tapaient dru dans le tas... c'était une bénédiction.

Je n'étais plus environ qu'à deux jours de Massaouah, lorsqu'à ma halte du matin, je vis tout à coup accourir l'un de mes gens avec de grands gestes de surprise.

— Voilà plusieurs blancs, s'écria-t-il en me

montrant la route que je venais de suivre moi-même, qui arrivent par là.

Pareille rencontre est assez rare en Abyssinie pour qu'elle éveille au moins la surprise, sinon l'inquiétude. Je me disposais à aller voir ce que ce pouvait être, lorsqu'en effet déboucha la caravane signalée. C'étaient mes chercheurs de charbon, avec qui j'avais navigué depuis Suez, et que j'avais quittés à Massaouah.

Leurs investigations, hélas! n'avaient jusqu'alors guère été couronnées de succès. Obligés de revenir sur leurs pas, en raison des troubles du Tigré, ou pour toute autre cause, ils allaient, disaient-ils, reprendre le cours de leurs recherches par une autre voie. Les défilés du Tarenta leur étaient fermés; ils se proposaient d'aborder le plateau d'Enderta.

Situé aux alentours de la fameuse plaine de sel où s'approvisionne toute l'Abyssinie, le plateau d'Enderta est d'un accès commode. Mais les abords en sont gardés par la puissante nation des Afars ou Danakils (en arabe), qui, depuis la baie de Tadjura, au delà du détroit de Bab-el-Mandeb, jusqu'à celle d'Adulis, c'est-à-dire aux portes de Massaouah, occupe toute cette partie du littoral africain dont elle rend l'exploration peu facile et parfois périlleuse. La perspective d'y pénétrer me séduisit, et au lieu de retourner prosaïquement chez le nahib, je demandai à mes anciens compagnons de m'adjoindre à eux. L'accord fut promptement établi, et tous ensemble nous reprîmes le chemin de la côte, où nous devions rencontrer les moyens nécessaires à l'exécution de notre projet.

Bientôt l'horizon s'agrandit, l'air se chargea d'émanations salines, et devant nous se déploya une vaste plaine sablonneuse, couverte de mimosas et de broussailles au travers desquels bondissaient effarées des troupes de gazelles. Laissant la chaîne de montagnes, que nous avions à droite, se prolonger haute et fière dans la direction du sud, tandis que celle de gauche, s'abaissant graduellement en ondulations de sable, allait mourir au nord, nous poursuivîmes notre route vers l'est, où nous apercevions, dans le lointain, la cime élevée du Djebel-Gueddam.

C'est à l'abri du promontoire formé par cette montagne, dont le pied avance dans les flots, que se cache, d'un côté le petit golfe d'Arkiko, en face de Massaouah, et que, de l'autre, commence la baie d'Adulis. Ce nom, suivant les uns, dériverait du mot arabe *gueddam*, qui veut dire *en avant*, parce qu'elle semble placée en avant comme une sentinelle isolée sur le bord; et, suivant d'autres, du même mot qui, transporté en dialecte abyssin, signifie *sanctuaire*. D'après cette interprétation, il y aurait jadis existé, au faîte, un couvent chrétien dont on verrait encore les ruines. Pour ce qui me concerne, j'effectuai, quelques mois plus tard, cette ascension, et je n'y rencontrai absolument rien que les huttes abandonnées d'un village chohos, dont la solitude se peuple seulement à la saison des pluies.

La montagne est, en effet, totalement dépourvue d'eau, et, durant l'été, la sécheresse y est telle que lorsqu'un voyageur se risque dans ces gorges dénudées, des myriades d'abeilles, dont elles sont le domaine, se précipitent sur lui et sur les outres pleines d'eau qu'il doit emporter, au point de lui faire courir de véritables périls. Lorsque j'y fus, je m'étais enveloppé soigneusement la tête et les mains, à l'exemple de mes domestiques, et je me hâtai d'en descendre, dès que j'eus atteint le sommet, d'où l'on découvre, il est vrai, une des plus splendides perspectives qu'il soit donné, je crois, à l'homme de contempler. Cette mer Rouge, avec ses îles et ses récifs de corail miroitant au soleil, puis les tons chauds des sables de la côte confondus avec les brumes de l'horizon, et, plus haut, à cette teinte dorée succédant peu à peu les pentes bleuâtres du plateau éthiopien, dont l'arête se dégage des nuées blanches et légères qui flottent à leur flanc comme une écharpe vaporeuse : il y avait dans ce spectacle grandiose de quoi dédommager, ainsi que dans la plupart des lointaines explorations, de bien des fatigues et de bien des dangers.

Pour cette fois, comme le but de mes compagnons n'était ni de s'extasier en face des merveilles de la belle nature, ni de vérifier l'exactitude des origines étymologiques, nous nous bornâmes, le soir, à camper non loin de là; et mal nous en prit, car la source près de laquelle nous fîmes halte était une eau thermale, chargée de sels de cuivre, qui rendit malades les bêtes et les gens.

Pour surcroît d'ennuis, des singes, qui avaient élu domicile dans la montagne d'où s'échappait cette eau, et que notre voisinage, à ce qu'il paraît, gênait dans leurs ébats, nous poursuivaient de leurs cris et de leurs insultes. Nous dûmes leur livrer une bataille en règle, et ce ne fut qu'après pas mal de coups de fusil que nous pûmes enfin demeurer paisibles possesseurs du terrain. Une des victimes, du moins, servit à notre souper. La chair en était blanche et savoureuse, analogue à celle du lapin.

Le surlendemain, après avoir franchi sans plus d'encombre quelques coteaux arides, nous atteignîmes Zoula.

Zoula n'est pas ce qui reste de l'ancienne ville grecque d'Adulis, mais ce qui l'a remplacée. Ce n'est autre chose qu'un pauvre hameau, composé de huttes informes d'herbe sèche et de feuillage jetées au hasard, et sous lesquelles vit et meurt une population misérable, tributaire du nahib d'Arkiko.

Du haut de la dernière colline qui cache encore la mer, l'œil cherche vainement, à travers les touffes de sauge sauvage et les mimosas rabougris, cette métropole, ce Zoula dont, depuis deux jours, les récits des guides et du chef venu à notre rencontre nous vantent le séjour réparateur, comme celui d'un nouvel Éden. Il faut que notre pied ait foulé la première ordure qui en signale les abords, pour supposer que le village est là. Mais, en effet, plus de doutes; quelques taches noires se distinguent, au soleil, confusément éparses sur le sol ; un grand bâton se dresse orgueilleusement orné d'un haillon sans couleur : voilà, enfin, les demeures des habitants, et voilà le pavillon ottoman.

De même que pour toutes les bourgades de cette partie de l'Afrique, nulle raison apparente n'a déterminé l'emplacement du Zoula, si ce n'est que la vaste plaine dont il est, pour ainsi dire, le centre, en déroulant au regard un large horizon circulaire, permet de découvrir, de loin, tout danger qui s'approche, et donne ainsi le temps de chercher, s'il y a lieu, refuge dans les montagnes.

L'eau, la grande affaire de ces pays, est à plus d'une heure et demie de distance, et chaque matin, femmes et enfants vont demander au puits commun la provision du jour, qu'ils rapportent péniblement sur le dos, dans des outres de cuir. Quant à l'homme, la supériorité incontestée de sa nature lui donne le privilége de dormir paisiblement ou de rester accroupi dans un coin à ne rien faire, en imposant, s'il n'est pas riche, les plus rudes travaux à la compagne de son choix et aux doux fruits de leurs amours...

La mer également est loin. Ces flots, qui paraissent si près qu'on croirait n'avoir qu'à étendre le bras pour les toucher, reculent dès qu'on y va; et ce n'est qu'après une course longue et fatigante, dans les sables ou les ajoncs, qu'on y arrive.

C'est qu'avant tout, la sécurité publique exige l'éloignement de tout ce dont la jouissance peut attirer l'étranger ou l'ennemi, deux mots qui, sans doute, comme le latin *hostis*, confondent chez ces populations barbares, toujours en armes, leur double signification en une même expression ; et le premier souci de toute installation est de fuir d'abord le voisinage des lieux à même d'offrir à d'autres les avantages d'un séjour ou les facilités d'un abri.

La mine de charbon, objet du voyage de mes compagnons, devait, au dire de celui qui les guidait, se rencontrer dans le pâté montagneux qui remonte vers le Tigré, à partir du fond de la baie d'Adulis. C'était quelque peu vague. Néanmoins, ils allaient pleins de cœur et de foi, et, dès notre arrivée à Zoula, leur premier soin fut de s'enquérir d'hommes et de bêtes pour nous conduire et porter nos bagages.

Les Abyssins chrétiens qui jusque-là nous avaient accompagnés refusaient formellement d'aller plus loin, dans une contrée inconnue où, d'avance, à quiconque d'entre eux, prétendaient-ils, une mort infaillible était réservée par le fanatisme des habitants. Ils leur appliquaient le nom générique de Borris. Mais je reconnus plus tard que cette désignation devait rester spéciale aux populations de la presqu'île formant l'autre rive de la baie, en face de Zoula.

Ceux de ce village éprouvaient une crainte

analogue. Ils étaient en état d'hostilité permanente avec ces mêmes peuples, dont le farouche orgueil repousse toute dépendance vis-à-vis de l'Égypte et qui, bien que musulmans eux-mêmes, comme tous les riverains de la mer Rouge, massacrent et rançonnent néanmoins sans pitié leurs coreligionnaires. Le fils du chef venait même de tomber, récemment, victime d'un guet-apens dans l'une de leurs dernières incursions, et la captivité qu'il subissait à Massaouah, en attendant la mort, avait redoublé la haine et la soif de vengeance des siens. Nul ne voulait donc s'aventurer avec nous, et, au lieu d'une halte de quelques heures, sur laquelle nous avions d'abord compté, les jours et les nuits s'écoulaient sans apporter une solution.

Indifférent, en ce qui me touchait, à un séjour plus ou moins prolongé sur un point ou sur un autre, je mettais à profit ces retards pour explorer, à moi tout seul, les environs. Ma bonne étoile voulait qu'Ibrahim fût précisément un naturel de Zoula, frère, oncle ou cousin de chacun, à plusieurs lieues à la ronde. Le pays lui était, en conséquence, des plus familiers, et, grâce à ses relations de parenté, je pouvais partout me risquer avec lui, sûr d'être, sinon bien accueilli, tout au moins toléré.

Ce fut ainsi que j'allai visiter les ruines d'Adulis, dont ses compatriotes mettent un soin jaloux à cacher l'emplacement aux regards des étrangers. Ce n'était, en réalité, qu'à quelques pas au nord de Zoula, de l'autre côté de l'Addas, dont les eaux éphémères, pendant le peu d'heures qu'elles roulent chaque année, ont élargi en cet endroit le lit sablonneux, au point de lui donner l'apparence d'un grand fleuve tari tout à coup par quelque cause surnaturelle.

Sur la rive gauche, les arbres s'élèvent plus droits et plus forts; les massifs de sauges, de ricins, de lentisques et d'aloès poussent plus touffus et plus verts. C'est en se glissant sous les branches des uns, en écartant les rameaux des autres, qu'on arrive enfin à un large espace jonché de débris informes, de cailloux noircis... Voilà tout ce qui reste de l'antique et fameux port d'Adulis...

Çà et là, quelque élévation de terrain, recouverte comme ailleurs de fragments de pierres, semble indiquer qu'à cette place se dressait autrefois un monument, un palais, un édifice public. L'une de ces élévations, plus considérable, conserve même quelque tronçons de colonnes épars, dont l'arrangement dessinerait assez nettement encore le périmètre d'un temple;

peut-être ne serait-il pas impossible d'en retrouver par quelques fouilles d'autres vestiges plus accusés.

Mais, depuis des siècles, la solitude a envahi ces lieux jadis si peuplés et si bruyants. A peine si le silence en est troublé de temps à autre par le cri de quelque chacal en chasse ou d'une hyène effarouchée; les lianes rampent sur les statues brisées, sur les édifices anéantis. Tout cela est d'un aspect morne, désolé. On sent que la mort a passé par là, ou plutôt qu'elle y est toujours, car les indigènes ont établi au milieu un de leurs cimetières, dont les tombes sont recouvertes par les débris amoncelés de la ville détruite.

Dans tout autre climat, à l'inspection de ces ruines, je n'hésiterais pas à affirmer qu'Adulis dut périr victime de quelque effroyable incendie, tant les pierres en paraissent brûlées, calcinées. Mais, sous l'action dévorante d'un soleil comme celui des bords de la mer Rouge, on ne sait plus que penser, et en regard de certaines traditions locales dont l'authenticité problématique attribue sa disparition à un débordement prodigieux et subit des eaux de la mer, sous lesquelles les contrées voisines seraient restées quelque temps englouties, il est naturel de supposer aussi que l'opulente cité ait pu devenir la proie, soit de quelque horde éthiopienne, descendue pour piller les trésors dont on la croyait l'entrepôt, soit d'hommes d'une race à part que célèbrent de nos jours encore les légendes et les chants nationaux.

Ces hommes-là, d'après ce que j'en ai pu recueillir, auraient appartenu à une lignée de géants venus du Nord, à l'inverse de toutes les invasions dont le plateau éthiopien fut successivement le théâtre. Leur peau était blanche, et on les appelait les *Rôms*. A une époque dont rien ne permet de préciser la date, ils s'établirent sur le littoral de la mer Rouge et y dominèrent pendant des siècles. Puis ils disparurent peu à peu, sans secousse, sans catastrophe, ou du moins sans que l'histoire en ait enregistré le souvenir. Le seul monument subsistant de leur passage et de leur splendeur est une ballade populaire, sous le titre mélancolique du *Dernier des Rôms,* dans laquelle le dernier de cette race pleure sur son propre sort et sur la gloire évanouie de ses ancêtres.

A quel fait rattacher ces récits légendaires? Je l'ignore. Néanmoins, l'étymologie du nom sous lequel est encore désigné ce peuple éteint est assez frappante pour qu'il y ait peu d'hésitation sur son origine probable. Peut-être n'est-ce qu'un vestige des temps de Sésostris et des Égyptiens, qui, dans l'antiquité, poussèrent leurs conquêtes jusque-là. Strabon nous parle, en effet, des villes populeuses dont ils jetèrent les fondements sur les côtes reculées de la mer Rouge, Arsinoé, entre autres. Rien d'étonnant alors, à ce que la race asservie ait vu dans ses vainqueurs des êtres d'un ordre surnaturel, dont les traditions auraient perpétué le caractère de supériorité en les qualifiant de géants.

Quoi qu'il en soit, à une journée à peu près au nord de Massaouah, existent, non loin du rivage, deux groupes d'une vingtaine de *tumuli* anciens, peu distants les uns des autres et de dimensions variées. A côté de quelques-uns de proportions beaucoup plus restreintes, d'autres représentent de véritables collines, soutenues à leur base par des murailles à demi effondrées. Au milieu, s'élève une sorte de tour carrée, ou plutôt de pyramide grossièrement construite en pierres plates superposées, et jadis soudées entre elles par un ciment qui se dessèche et s'envole chaque jour avec le vent. Ce sont, suivant les indigènes, les tombeaux des Rôms, qu'une crainte superstitieuse a jusqu'à présent défendus de toute profanation.

Moins scrupuleux, j'eusse voulu en pénétrer le mystère, et de concert avec l'agent consulaire français de Massaouah, nous y fîmes plus tard une expédition secrète, accompagnés des seuls domestiques sur la discrétion desquels nous pouvions absolument compter. Nos moyens d'exécution étaient minimes. Il fallait, en outre, se hâter; car, au moindre soupçon de la part des naturels, nous étions perdus et notre but manqué. Nous nous attaquâmes donc au plus petit des tombeaux.

Tout en creusant avec acharnement, nous entendions, — chose bizarre, — nos gens se dire entre eux que nous violions la sépulture de nos pères! Cette idée, néanmoins, ne nous arrêta pas; et après être parvenus, au bout de plusieurs heures de travail, à un amas de pierres semblables à celles de la tour, et reliées par le même ciment, nous mîmes à nu un gigantesque squelette... Mais rien de plus.

Nous avions espéré découvrir quelque bijou, quelque arme dont l'examen nous fournît les moyens d'en déterminer l'époque et l'origine. Il n'y avait rien. Le squelette que nous avions sous les yeux devait être celui d'un jeune homme; le crâne était très-développé; les dents, solidement enchâssées et dans un état de conservation parfaite, étaient au complet. J'emportai la mâchoire inférieure. Nos domestiques refusèrent dès ce moment de nous aider davantage, et nous dûmes abandonner notre œuvre de destruction avant qu'un indice révélateur fût venu éclairer à nos yeux l'obscurité si profonde dans laquelle est enfouie l'histoire primitive de ces contrées.

Le seul point historique pour lequel il ne soit pas possible de s'en tenir à des conjectures, est le fait de la colonisation grecque et du degré de prospérité qu'elle y sut atteindre. Les ruines d'Adulis n'en sont pas l'unique témoignage.

Sur le plateau d'Abyssinie, dans le Tigré, à deux jours de marche sud-est d'Halaï, se dresse une montagne nommée *Sanafè*, au sommet de laquelle, plateau lui-même verdoyant et fertile, gisent d'autres ruines beaucoup mieux conservées et plus considérables que celles d'Adulis : un obélisque presque intact, à moitié enterré, d'autres débris non moins curieux, des fragments de poterie, des chapiteaux de colonnes, des tables de granit, etc., etc. Tout cela dort pêle-mêle, immobilisé par le sommeil du passé et rongé par la rouille des siècles.

Lorsque j'en tentai la visite, pris tout à coup

entre deux groupes de belligérants, je dus partir sans me donner, hélas! le temps de vérifier ni de relever ce que mon regard avait à peine entrevu. Mais il est constant, dans les traditions locales, que cette ville fut jadis le séjour de plaisance des négociants d'Adulis qui fuyaient, en été, les rives brûlantes et malsaines de la mer, pour venir demander aux ombrages et à l'air pur du plateau le frais et la santé. Une route directe, perdue aujourd'hui, reliait alors ces deux extrémités. J'aurai plus loin occasion de revenir sur cette question que l'avenir, à mon avis, ne tardera pas à résoudre.

Quelle était du reste, alors, la configuration de la baie?... Le champ le plus large est ouvert aux hypothèses, car à cette même place où vinrent s'amarrer les vaisseaux de l'Arabie et des Indes, où se choquèrent tous les intérêts entrecroisés d'un port industrieux et commerçant, il n'y a plus aujourd'hui que du sable et du soleil. La mer est à plus d'une heure et demie de là, et rien ne permet de déterminer actuellement, d'après l'aspect des lieux, quelle pouvait en être la limite du côté des montagnes, au temps de la prospérité d'Adulis.

On sait, en effet, que de toutes les mers, nulle autant que la mer Rouge ne s'est retirée des terres, que d'abord elle tenait englouties. Il est hors de doute que toutes ces plages sablonneuses et arides qui l'enserrent comme une ceinture colossale, depuis Suez jusqu'au détroit de Bab-el-Mandeb, furent autrefois recouvertes par les eaux. La vague allait battre le pied des hautes montagnes que, sur chaque rive, l'œil du navigateur distingue dans le lointain.

On dirait, cependant, que c'est à regret seulement que les flots renoncent à leur empire; et, à marée haute, par suite de l'infiltration souterraine, se forment çà et là des étangs dont la profondeur et l'étendue varient, mais dont la croûte de sel laissée à marée basse devient pour les riverains une source de bénéfices. Ceux de Zoula vivent à peu près exclusivement du commerce de cette denrée, qu'ils échangent contre du beurre, du miel ou du dourah... Rien d'étonnant, à quelque distance, comme la vue de ces marécages salins; l'illusion est saisissante; et le regard, aux rayons du soleil couchant, se croirait en présence d'une plaine de neige.

Personnellement, j'eus lieu d'être d'autant plus frappé de cet effet, qu'un jour, me rendant à la mer, je tombai inopinément au milieu d'un vol de ces énormes sauterelles dont le passage redouté est un fléau pour tout l'Orient. Le ciel disparut à mes yeux, l'ombre se fit autour de moi ; il me semblait que j'étais au milieu d'un tourbillon de neige dont les flocons serrés me fouettaient le visage. Quand je sortis de là, marchant au hasard, la tête basse, je me trouvai sur le bord d'une de ces crevasses desséchées, et j'aurais juré que cette couche blanche et polie scintillant à mes pieds n'était autre qu'un des vestiges de l'ouragan.

La plus grande partie de la côte ouest de la baie est bordée par une zone étroite de ces marais, et offre, par conséquent, peu d'intérêt. En divers endroits, des massifs de palétuviers trempent dans la mer leurs mille racines, dont le germe, en se reproduisant, engendre des fourrés impénétrables, refuge habituel d'une foule d'oiseaux aquatiques et de toutes sortes d'animaux étranges, demi-poissons, demi-reptiles, qui y fourmillent. Leur ombre épaisse recèle quelquefois des miasmes fiévreux qui, à certains moments, se répandent dans la contrée. Aussi la région la plus salubre est celle voisine des montagnes. Là, le terrain s'affermit sous les pas, une végétation vigoureuse tapisse les premières ondulations du sol, et, en creusant à quelques pieds de profondeur, l'eau douce filtre à travers le sable. Car sous ces vastes plaines si monotones, si arides à la surface, s'étend l'immense nappe d'eau qui, conduite par la pente inclinée du rivage, descend tout doucement des hauteurs du plateau vers la mer, cherchant par cette voie souterraine à se confondre avec elle.

C'est en même temps le séjour d'une foule d'animaux de toute espèce, gibier de plume, gibier de poil. De chaque broussaille, tantôt c'est un lièvre, ou un francolin, ou toute une compagnie de perdrix, qui s'échappe sur votre passage, pour s'arrêter à quelques pas et vous regarder venir. On n'a pas à chasser, on assassine. Ailleurs, c'est une troupe de gazelles, ou une famille de sangliers; puis, lorsque la nuit tombe, avec les glapissements du chacal, les miaulements des chats sauvages, les hurlements des hyènes, se confondent les cris de toute une tribu d'orfraies, d'engoulevents, de hiboux, etc., etc.

Le jour, c'est autre chose. Des légions de monstrueux vautours nous assiégent. Ils sont là, à l'affût des miettes de nos repas. Le bruit sourd de leur vol frappe sans cesse nos oreilles. Une fois, je tire sur l'un d'eux et je l'abats. Aussitôt cinq ou six de ses compagnons se précipitent sur moi. Les deux coups de mon fusil étaient déchargés; je dus, tout en reculant, me servir du canon comme d'un bâton pour les écarter, et ce ne fut qu'à grand'peine que je rentrai chez nous. Le nombre et la vigueur de ces oiseaux constituaient un vrai danger.

CHAPITRE XIII

L'île de Dessé et la baie d'Ingal. — Le chef souverain des Danakils. — Un chasseur d'éléphants. — Les maisons des fourmis. — Les requins. — Meder. — Notre fugue dans le désert. — Orage de sable. — La soif. — Les îlots de la côte.

Le séjour prolongé auquel nous avait condamnés, à Zoula, soit le mauvais vouloir des indigènes, soit l'exagération de leurs craintes, m'avait procuré le temps nécessaire à mes investigations. Toujours accompagné d'Ibrahim, j'allais entreprendre une dernière exploration dans le fond même de la baie, aux frontières du territoire que n'osait franchir la pusillanimité de nos hôtes forcés, lorsque, enfin, nous leur dîmes adieu !...

L'itinéraire, une fois encore, était changé. S'il n'est pas, généralement, facile de savoir, dans ces pays, quand et comment on part, il est encore plus difficile de pouvoir affirmer si l'on suivra le chemin convenu, ou même si l'on arrivera jamais. Notre voyage par terre se transformait en campagne maritime. Il avait fallu envoyer jusqu'à Arkiko, puis à Massaouah. Le nahib fournissait un guide responsable de nos personnes, et une escorte de ce qu'il appelait ses soldats, commandés par son second frère Osman. Un sambouck arabe avait amené la troupe et nous attendait.

Ce fut là dedans que nous nous confinâmes de nouveau pour entreprendre, péniblement entassés les uns sur les autres, une navigation lente et délicate à travers les écueils. Tous les soirs, avant la tombée de la nuit, l'ancre était jetée, et ceux que ne rebutait pas la perspective de faire environ chaque fois un kilomètre en mer, dans l'eau jusqu'au genou, et les pieds déchirés par les bancs de coraux ou les débris de coquillages, se rendaient à terre pour demander aux chances de la chasse le repas du lendemain.

Notre première escale, en face de Zoula, de l'autre côté et à l'entrée de la baie, fut précisément cette île de Dessé cédée à la France naguère par Négousié. Une jolie petite crique entre deux collines y donne accès; sur l'une s'étagent quelques cabanes de pêcheurs, et se distingue la hampe du pavillon ottoman gardé par trois soldats. Un minuscule lac d'eau douce, qu'alimente quelque source cachée, en occupe le centre et y entretient une bienfaisante fraîcheur.

Pas de culture, mais presque partout de grands arbres, une herbe épaisse, au milieu de laquelle s'ébattent fraternellement des troupeaux de chèvres demi-sauvages et des quantités d'outardes et de canards de Barbarie.

Cette île, très-fertile en apparence, est de formation volcanique, excepté dans la partie nord, où elle se termine par une plage de sable qui va peu à peu se noyant sous les ondes. A cause de ses eaux douces, Dessé est une station obligée pour toutes les barques qui fréquentent ces parages, et son petit port offre un asile sûr contre les plus gros temps.

Les rochers qui la bordent sont revêtus d'innombrables coquillages d'une espèce particulière, rappelant, par la forme, les moules, mais avec plus de rugosités sur l'enveloppe, et par le goût, les huîtres les plus délicieuses. Ils s'incrustent dans la pierre, font, pour ainsi dire, corps avec elle, et ce n'est qu'au prix des plus grands efforts qu'on parvient à les en arracher. Dans les anses, frétillent des milliers de poissons de toute nature; nous en pêchâmes. La plupart étaient exquis. Cette côte de la mer Rouge est, d'ailleurs, excessivement poissonneuse, et la vie animale y abonde. Les polypes y foisonnent. A chaque instant, à la surface des flots, on distingue leurs tentacules, moitié plantes, moitié bêtes, s'agitant pour saisir une proie. En traversant la baie, nous avions aperçu un cachalot lançant l'eau par ses évents ; et un peu plus loin, à un mètre environ de profondeur, une gigantesque tortue. Une balle que je lui décochai glissa sur sa carapace, et elle s'enfonça aussitôt.

Le lendemain, après avoir doublé la fameuse presqu'île des Borris, nous entrâmes dans une seconde baie beaucoup plus petite, celle d'Ingal, où commence la juridiction du chef suprême des Danakils. La prétendue domination de la Porte autrefois, de l'Égypte aujourd'hui, sur ces côtes, se réduit à un droit de suzeraineté purement nominal et sans base sérieuse, que n'acceptent même pas toujours les populations farouches dont elles sont le patrimoine. Aussi, pour continuer notre route, malgré la présence du frère du nahib et de ses soldats, nous fallut-il attendre le bon plaisir du chef indigène et la permission que, seul, il se réserve d'accorder : je me trompe, il fallut la payer.

Ce chef, nommé Méhémet, venait de succéder à son père quelques jours à peine auparavant.

C'était un jeune homme de vingt-cinq ans au plus, à la peau de bronze, à la mine astucieuse, qui n'avait jusque-là jamais vu d'Européens, et croyait nous éblouir en affectant à notre égard des allures d'une dédaigneuse arrogance. Suivi de trois de ses conseillers intimes, il était venu de l'intérieur, à la nouvelle de notre approche, s'enquérir d'abord de nos projets, et ensuite nous imposer ses conditions. Mais pendant qu'appuyé sur sa lance, à la façon d'Achille, ou accroupi sur ses talons à la mode du pays, et vêtu, ainsi que ses ministres, d'un lambeau d'étoffe roulé autour des reins, il demeurait des heures entières à les discuter sur le rivage, mot par mot, virgule par virgule, dans un idiome barbare auquel trois interprètes suffisaient à peine, moi, le fusil à la main, je parcourais les environs, dont sa gracieuse condescendance avait daigné, en deçà de certaines limites, me ménager l'accès.

La côte ouest de la baie d'Ingal n'est qu'une plage nue et désolée, tandis que la côte opposée, sur le bord précisément de laquelle nous étions mouillés, a surgi au-dessus des flots, sous l'impulsion probable des éruptions volcaniques, et s'est recouverte peu à peu d'une couche profonde de terre végétale. Là se déploie tout le luxe de la flore tropicale. Comme aux environs de Zoula, le gibier de toute catégorie y pullule. Des hautes herbes et du fouillis inextricable des lianes et de cent arbres d'essences inconnues pour moi, s'envolaient lourdement, au bruit de mes pas, des troupes de pintades; puis je voyais bondir des Ben-Israël, pendant que, dans les fourrés d'aloès, se baugeait le sanglier, ou se cachait une espèce de loup-cervier que je n'ai vu également que là, à la robe rayée comme celle de l'hyène et mouchetée à la fois comme celle du léopard.

Mais ce qui me surprit le plus, ce fut un village, tout un vrai village d'une dizaine de huttes, créé par les fourmis. J'avais aperçu de loin, à travers les arbres, des cônes brunâtres de trois ou quatre mètres d'élévation, et, à leur forme, je les avais pris pour des cabanes d'indigènes, lorsque, en m'approchant, je reconnus que c'étaient des amas d'une terre rouge et grasse que les fourmis avaient rejetée symétriquement en creusant leurs demeures.

Des traces d'éléphants couvrent le sol. C'est, en effet, un de leurs territoires favoris, lorsqu'ils descendent des plateaux voisins.

Un chasseur indigène, séduit par la fréquence de leurs visites en cet endroit, s'y est même établi à demeure. Il partage, sur le bord de la mer, la maison d'un douanier turc, et je vais prendre du café chez eux. Le tueur d'éléphants me fait voir l'instrument de ses exploits. C'est un pauvre vieux fusil à pierre, de fabrication arabe, avec un de ces longs canons qui semblent près d'éclater à chaque coup.

On se demande comment, avec cette arme presque primitive, il ose attaquer son redoutable ennemi. Pourtant, il n'y a pas à en douter; les négociants de Massaouah lui achètent régulièrement son ivoire, et sa renommée est répandue au loin. C'est sur la crosse de son fusil qu'il tient les registres de son commerce. A chaque victime, et par conséquent à chaque paire de défenses vendues, une entaille... Et elles y sont nombreuses. Il m'explique tout cela avec une simplicité qui fait mon admiration, pendant que son camarade écoute ou confirme le récit d'un air indifférent.

En quittant ces braves gens, je m'enfonce de plus en plus avec frénésie dans les détours verdoyants de ce charmant paysage. Comme cette verdure, cette fraîcheur, cette terre luxuriante, comme tout cela semble bon après les sables arides de Zoula! Mais le soleil baisse, il faut songer à se rapprocher de la mer pour regagner le sambouck. Une éclaircie me le montre à peu de distance sur la gauche, se balançant au gré des vagues. Je prends cette direction, et j'arrive au rivage au moment même où l'obscurité succède sans transition à la lumière. Il est vrai que, sous ce beau ciel, cette obscurité-là est encore lumineuse. Je suis à jeun depuis le matin, et j'ai tant marché que le poids de mes armes et de mon gibier commence à me sembler lourd. Je serai bien aise de me reposer et de me restaurer à bord.

Je hèle l'embarcation. Pas de réponse. Je crie et j'appelle de nouveau. Toujours même silence. Je tire un coup de fusil. Rien! j'en tire deux, j'en tire trois. A la fin, à la clarté des étoiles, je distingue quelque chose de sombre glissant sur la surface des flots et venant à moi. C'est un canot... Il approche; il accoste. Un des indigènes qui le montent saute à terre... mais je ne le connais point. Ce sambouck n'est pas le nôtre; je me suis trompé, et la distance qui me sépare de ce dernier est considérable.

J'ai recours alors à l'argument décisif. Je fais luire un thalari. Pour ce prix, on me conduira à notre bord, et je vais prendre passage sur l'esquif étranger. La construction en est des plus primitives : ce n'est qu'un tronc d'arbre creusé à l'intérieur, sans même avoir été équarri ni taillé au dehors, en sorte qu'il roule sur la lame comme un bâton. On le fait atterrir autant que le permet la profondeur de l'eau, et mon fusil d'une main, mes trophées cynégétiques de l'autre, j'y saute dès qu'il est à portée. Hélas! tout saute avec moi, ou plutôt tout tourne, et, mal équilibré comme il l'était, voilà mon tronc d'arbre qui pirouette sur lui-même, tandis que je fais le plongeon avec les deux hommes qui le manœuvrent. Heureusement, mon agilité me sauve, et je me retrouve debout, avec de l'eau jusqu'à la ceinture, sans avoir rien perdu de ce que je tiens à la main.

Par cette température si douce, un tel bain n'avait rien de désagréable. Mais, à une dizaine de mètres, du côté du large, j'aperçois de petites lueurs phosphorescentes qui s'agitent à la ride des flots, d'une façon bizarre. Mes gens me disent que ce sont des requins. Ils sont bien là cinq ou six; et avec plus d'attention, je distingue confusément leurs corps énormes... On croirait qu'ils n'attendent que de me voir embarqué, avec plus de fond pour se mouvoir, et d'un coup de queue faire chavirer mon frêle abri.

Pourtant, il n'y a pas à hésiter. Je n'ai pas d'autre moyen de regagner ce soir le sambouck.

Il doit remettre à la voile le lendemain dès l'aurore, et coucher à terre, c'est me condamner probablement, pour un délai plus ou moins long, à l'existence de Robinson Crusoé. Je m'installe donc avec de minutieuses précautions, cette fois, au milieu du canot; je m'y cale de mon mieux, et à la grâce de Dieu! Les pagaies battent la mer. Me voilà en route...

Nous nous dirigeons droit sur les petites lueurs phosphorescentes. Les matelots ne paraissent en avoir nul souci. Le fait est qu'elles s'écartent, mais pour se grouper de nouveau et se lancer dans notre sillage... Pendant une heure et demie que dura le trajet, les horribles bêtes ne se lassèrent pas de nous suivre. Tantôt plus près, tantôt plus loin, nous les voyions frétiller autour de nous. Ils nous regardaient, je suppose, comme une proie assurée, et je me demandais pourquoi d'un choc ils n'essayaient pas tout de suite de nous renverser. Au moindre heurt, c'en était fait. Pourtant, comme les deux indigènes ne semblaient nullement inquiets, leur calme me rassurait.

Enfin, nous atteignîmes le bord. Tout le monde y dormait. On ne s'y était guère préoccupé de moi ni de mon sort, et si j'avais commis l'imprudence de passer la nuit à terre, je crois qu'on m'y aurait bel et bien laissé sous la garde de la Providence.

Toutes les difficultés étaient, en effet, aplanies avec le chef Méhémet, et, embarqué lui-même sur notre sambouck, ce puissant seigneur daignait accorder à notre navigation, comme à nos recherches, le propre patronage de sa royale présence. Nous devions, en premier lieu, nous rendre à l'une de ses résidences appelée Meder, située au bord de la mer, tout près d'Enfilah, plus connu, il est vrai, en géographie, mais dont les quelques masures ne sont, en réalité, qu'une dépendance du premier village.

Nous l'atteignîmes au bout de peu de jours, favorisés par un bon vent, non toutefois sans plusieurs escales, entre autres à l'île d'Ouakil, l'une des principales de l'archipel de Dalhac, où je constatai, sur les hauteurs, l'existence de filons carbonifères d'une magnifique apparence, peut-être de la houille, peut-être seulement de l'anthracite. C'est une question que, malgré son intérêt, je n'examinerai pas ici. Les habitants de cette île s'adonnent exclusivement à la pêche, quelques-uns à celle des perles. Le port, suffisamment vaste, est un des plus sûrs de ces parages.

Meder mérite, relativement, la gloire d'être

une capitale. L'architecture y est en progrès, et quelques-unes des maisons de roseaux et de bambous appartenant à des personnages importants révèlent, à l'extérieur, des prétentions justifiées, sinon à l'élégance et au confort, du moins à une certaine régularité non dépourvue d'art ni de grâce.

Celle où je fus reçu était flanquée de deux pavillons dont l'un, réservé aux femmes, restait inabordable, tandis que l'autre, destiné à mon usage, s'était embelli, pour le cas, de tout ce que comporte le luxe d'un chef sauvage, c'est-à-dire d'une natte en sparterie assez finement tressée et d'une lampe en terre, de forme grecque, où se consumait une mèche fumeuse trempée dans de la graisse d'autruche. Le corps de logis, ainsi que la cour fermée d'une palissade circulaire, demeuraient à la disposition du propriétaire et de ses gens. Pas d'animaux, par extraordinaire; tous les troupeaux étaient dans la montagne.

Mon pavillon se composait de deux étages, ou plutôt comprenait une façon de soupente élevée au-dessus du sol et séparée du reste de la pièce par une double cloison de bambous. L'air et le jour y arrivaient au moyen d'un petit volet mobile, s'ouvrant de bas en haut, également en bambous et très-ingénieusement imaginé. Mais pour s'y hisser soi-même, ce n'était qu'en s'accrochant des pieds et des mains qu'on finissait, après un dernier effort de gymnastique, par se trouver tout à coup projeté la face en avant sur la natte. Il n'y avait plus alors qu'à s'étendre en rampant sur les coudes, et l'on était chez soi. En somme, l'appartement de gala du chef particulier, — du maire, — de Meder, car c'était de l'hospitalité de ce haut fonctionnaire que j'avais l'insigne honneur de jouir, eût fait, au fond de quelque parc, les délices d'une châtelaine pour y nicher ses pigeons favoris.

Malgré cette supériorité d'installation, Meder n'en est pas moins habité, comme tout ce littoral, par une population misérable et chétive, dénuée de tout. Un peu d'une eau fétide et corrompue, quelques jattes de lait aigre qu'il faut aller querir bien loin, et des dattes à demi pourries que les trafiquants d'Arabie viennent, à des époques fixes, échanger contre des nattes et des corbeilles... voilà leur unique bien-être... voilà leur unique commerce.

Il serait possible, cependant, d'y développer d'autres éléments. La chasse des autruches, par exemple, donnerait des produits rémunérateurs. Elles y sont assez communes. Ainsi, un jour, un indigène vint à moi en tenant à la main un gros faisceau de plumes de cet oiseau qu'il m'offrait, ne me demandant, en échange, que quelques pincées de poudre. Il y en avait bien, à ce que je reconnus plus tard, pour trois ou quatre cents francs. Une autre fois, on m'apporta dix œufs de même provenance, à vendre le tout pour un thalari. Mais l'indolence native de ces gens, unie à leur ignorance, ne leur permet pas de profiter des biens qu'ils ont à leur portée.

C'est que nous ne sommes plus dans la riche et plantureuse Abyssinie au sol fertile, aux mœurs policées, à l'activité féconde... Partout où je mets le pied, sur ces côtes, la différence s'accuse, et la supériorité de la race des montagnards sur celle des riverains s'affirme... Aussi quelle haine jalouse de ceux-ci contre les premiers! Elle va si loin, qu'un des domestiques chrétiens, originaire du Tigré, qui nous accompagnait, n'osa, pendant toute la durée de notre navigation, s'aventurer une seule fois à débarquer, et demeura tout le temps cloué à bord, par crainte des naturels, qui l'eussent certainement, s'ils l'avaient pris, massacré sans pitié. A cette férocité native s'allie en outre chez eux une avidité sans bornes, dont un trait, entre mille, peut donner une idée.

Parmi mes compagnons, se trouvait un médecin, ou soi-disant tel. Le bruit s'en était répandu, et tous les jours, grand nombre de ces gens-là venaient recourir, gratuitement bien entendu, à son obligeance. L'un d'eux avait une femme malade, et ne pouvant, ou ne voulant pas l'amener à bord, prie le docteur de descendre lui-même à terre pour la voir. Celui-ci y consent, et le lendemain, au lever du soleil, notre homme accoste le sambouck, monté sur une de ces petites pirogues creusées dans le tronc d'un arbre, comme celle d'Ingal, qu'il manœuvrait lui-même. On part, on aborde, et l'on se rend à la case où gisait l'infortunée. Le docteur l'examine, remet même le peu de remèdes dont il disposait, et, la consultation terminée, se fait ramener par le mari, lorsque, au moment de se séparer, ce dernier tend la main et demande son pourboire, — son *bakchich*, suivant la célèbre locution arabe, la clef de la langue !... Pourquoi ? dira-t-on... Eh, mon Dieu ! pour la peine qu'il avait prise de venir chercher lui-même le médecin et de l'avoir reconduit dans son propre bateau.

Notre séjour à Meder menaçait de se prolonger sans servir à rien, et les difficultés y redoublèrent. Le plan de ces messieurs était de se diriger vers quatre mamelons dont les cimes dominaient le lointain au sud et où devait, d'après eux, se rencontrer la fameuse mine, objet de leurs convoitises. Mais plus que jamais, le chef Méhémet se drapait dans les fanfaronnades d'une ridicule jactance ; d'autres chefs secondaires, jaloux de préserver leur territoire du contact impur des étrangers et de dérober aux profanes le secret de ses prétendus trésors, ou plutôt pour partager le gâteau, étaient accourus se joindre à lui. Retranché derrière le poids de leur influence, ou la crainte de les mécontenter, il refusait absolument de nous permettre d'aller plus loin, ou tout au moins de nous procurer des guides. C'était un jeu facile à pénétrer, et dont quelques thalaris de plus eussent eu aisément raison. Seulement, c'était toujours à recommencer. Nous résolûmes de nous passer de lui.

Après une dernière discussion demeurée aussi infructueuse que les autres, nous lui signifiâmes notre décision nettement arrêtée de nous rendre seuls à l'endroit que nous nous proposions d'explorer. Puisqu'il ne voulait point nous fournir de guides, nous n'en exigions plus... Nous le laissions responsable de ce qui pourrait en résulter, vis-à-vis du consul de France à Massaouah et du gouvernement turc, sous l'égide duquel nous plaçait la présence du frère du nahib et de ses soldats.

Cela dit, nous fîmes nos préparatifs... Personne ne croyait à l'exécution de nos menaces. On nous avait fait un redoutable tableau des solitudes que nous avions à franchir, et les uns comme les autres jugeaient cette perspective suffisante pour nous retenir... Il n'en fut rien.

Nous partîmes, sans autres provisions que les vivres indispensables pour la journée. Deux domestiques seulement nous accompagnaient, Ibrahim et un autre. Il fallait être fous comme nous l'étions pour affronter ainsi, de gaieté de cœur, une mort à peu près certaine, dans un pays que nul de nous ne connaissait, ne pouvant compter que sur notre chasse pour nous nourrir, et à peine sur notre énergie pour nous en tirer. Nous entrevoyions vaguement au loin les fameux quatre mamelons. Ce fut de ce côté que nous nous tournâmes, et nous nous mîmes en route, allant tout droit, à l'aventure.

Tout Meder était en rumeur, et la population dehors, pour être témoin de cette extravagance. Chacun, à tour de rôle, venait nous conjurer de renoncer à un projet aussi insensé. Devant nous, c'était la soif, c'était la faim, c'étaient les bêtes fauves, c'était la mort... Bah!... Est-ce que nous écoutions seulement ces radotages? Nos sacs sur le dos, nos fusils sur l'épaule, nous partîmes comme pour une fête.

A deux kilomètres à peu près, était un autre village. Nous le longions à quatre ou cinq cents pas, lorsque nous aperçûmes un vieillard, soutenu par deux jeunes gens, qui s'en détachait pour venir à nous. Il nous faisait signe de l'attendre. Lorsqu'il nous eut rejoints, il commença tout un discours.

« Il était bien vieux, bien vieux, nous disait-il; il y avait bien longtemps qu'il vivait dans ces contrées; ses yeux à demi éteints avaient vu bien des générations, et jamais il n'avait connu personne ayant osé se risquer dans ces déserts, autrement qu'en nombre pour se défendre, et pourvu de provisions pour y manger. Ces montagnes, qui nous paraissaient si près, étaient loin, bien loin, et nous avions tout le temps de mourir, exténués et affamés, avant d'en entrevoir le pied. C'est tenter Dieu, ajoutait-il; revenez! revenez! pendant qu'il en est temps encore... »

Tous les membres du pauvre homme tremblaient, tandis qu'il nous parlait ainsi. Sa voix était chevrotante. Il devait être bien vieux, en effet, et son crâne décharné, ses orbites creusées, sa barbe blanche, sa figure émaciée, présentaient l'image de la décrépitude. Mais rien n'y fit... Nous aurions eu honte de reculer.

L'atmosphère était pesante, et nous avancions lentement, toujours les yeux fixés sur notre objectif, le seul indice qui pût guider nos pas. Tout à coup, vers trois heures, la lumière du jour devenu blafard commença à décliner; le ciel s'obscurcit. A l'horizon, un nuage noir, petit d'abord, grossissait peu à peu et montait sur nous. Puis des rafales traversèrent l'air chaud et lourd.

L'obscurité gagnait. Les sifflements de l'ouragan retentirent. Des flots de poussière nous aveuglaient. Les ténèbres devinrent compactes. Il fallut nous arrêter. Des vagues de sable emportées par le vent nous fouettaient le visage.

— Couchons-nous la face contre terre ! m'écriai-je...

Et à peine étions-nous étendus, qu'il nous sembla qu'une trombe passait en tournoyant sur nos corps, qu'une tempête ébranlait les cieux et déchirait le sol... Une nuit absolue nous enveloppait.

Cela dura environ cinq minutes, pas plus ! Mais des minutes qui valent des heures !... Puis la tourmente s'apaisa; les tourbillons de sable retombèrent; les grondements du vent s'éteignirent; la nature reprit son calme; les rayons du soleil reparurent. Nous nous relevâmes. Nous étions noirs; sous la paupière, dans les oreilles, dans la bouche, une poussière impalpable; et, autour de nous, sur le terrain, pas trace d'une goutte d'eau. C'était un de ces orages de sable que soulèvent de temps à autre les colères redoutables du Khamsin. Dans le lointain, on en distinguait la sihouette sombre et terrible qui poursuivait sa course en s'éloignant.

Nous reprîmes la nôtre. Mais cette épreuve inopinée nous avait quelque peu abattus. Bien entendu, sur notre chemin, pas un puits, pas une citerne. Je recommandai à mes compagnons de respecter leurs gourdes et de résister à la tentation de boire. La guerre m'avait appris qu'un homme est perdu s'il ne sait pas, dès le début, dompter ce besoin. Son palais se dessèche, ses jambes fléchissent, ses forces s'en vont; plus il boit, et plus il veut boire, jusqu'au moment où il tombe épuisé, râlant, et ne tirant plus que des sons rauques de sa gorge en feu. A ce premier danger s'en ajoutait un autre : quand devions-nous trouver de l'eau?... Jusque-là nos gourdes étaient notre seule ressource.

Mais vains conseils! Personne ne m'écoutait;

seulement les rires et les fanfaronnades du départ s'étaient tus. Chacun gardait le silence, ou jetait devant soi un regard morne. Plus nous avancions, et plus ces mamelons paraissaient reculer encore. La plaine, avec ses mimosas et ses cactus, se faisait interminable. Nous marchions depuis le matin, et, devant nous, la distance demeurait toujours la même. Les haltes individuelles devenaient fréquentes. Pourtant il ne fallait pas se perdre de vue. Enfin, le soir approcha, et presque au même moment nous nous trouvâmes au bord d'un torrent à sec, il est vrai, mais avec des vestiges d'humidité visibles, çà et et là, dans quelques creux mieux abrités que les autres.

C'est dans ce lit sablonneux que nous installons notre bivouac… Certainement l'eau est là sous nos pieds, à un mètre de profondeur au plus peut-être; mais point d'instruments pour creuser; rien que nos couteaux et nos bâtons; et nous tombons exténués avant d'avoir pu y arriver! Les plus fatigués s'endorment sans manger. Tous paraissent brisés. L'un d'eux est malade et a le délire.

Heureusement la nuit est fraîche. Deux arbres immenses, tombés de vieillesse côte à côte, alimentent notre foyer, et la flamme tient à l'écart les bêtes fauves que j'entends rugir autour de nous, pendant qu'à la clarté du feu je griffonne sur mon calepin mes notes journalières.

A l'aurore, nous sommes debout, à moitié reposés, toujours vaillants. Par malheur, je suis presque le seul à avoir conservé un peu d'eau et de café dans ma gourde. Il faut partager cette maigre réserve. Mais bah! encore un peu de courage, et bientôt nous allons être au milieu des montagnes, c'est-à-dire, avec la verdure pour nous abriter, des sources pour nous désaltérer. Vite! en route!

Hélas! le ciel de la veille, la nature de la veille, rien de tout cela ne change... Toujours pas d'eau; rien qu'une plaine aride et sans fin, un soleil dévorant, un air embrasé... Les montagnes fuient devant nous. Un de mes compagnons tombe haletant : il ne peut pas se relever, il veut mourir là. Puis un second; puis un troisième. Ils jalonnent le chemin. Nous ne sommes plus que quatre; nous hâtons le pas pour arriver plus vite à quelque hutte, à quelque troupeau, et en rapporter de quoi sauver ces malheureux... Non! non! autour de nous, rien que le désert, toujours le désert!

Cependant, il me semble avoir entendu un appel; des cris, bien éloignés encore, frappent mon oreille. Oui! je ne me trompe pas. Il y a des hommes de ce côté. Je tire un coup de fusil; deux ou trois autres coups de feu y répondent... Dix minutes après, nous sommes rejoints par le chef Méhémet et quelques soldats.

Avec eux, ils apportent des outres pleines d'eau, d'une eau, il est vrai, dont on ne voudrait pas en France pour laver les pieds de ses chevaux, de la boue en fusion. Mais qu'importe! Ce liquide repoussant, c'est le salut, c'est la vie... Il nous le faut bel et bien payer sept thalaris l'outre, soit trente-sept francs environ : qu'est-ce que l'argent en pareil cas? Nous retournons en remontant le chemin que nous venions de suivre. Nous ramassons un à un nos trois compagnons. On les installe sur des brancards improvisés; et tous ensemble, sans vergogne cette fois, on retourne à Meder.

Après notre départ, la veille, soit remords, soit crainte du châtiment, soit tout autre motif, notre escorte s'était décidée à courir sur nos traces. Les montagnes vers lesquelles nous nous dirigions se trouvaient à trois journées de marche, et sur tout l'itinéraire, pas une station d'eau, pas une cabane, pas un campement d'indigènes... Depuis sept ans, dans cette contrée désolée, il n'avait pas plu!...

Deux jours plus tard, nous remettions à la voile pour regagner la baie d'Adulis, au fond de laquelle notre guide nous parlait d'une nouvelle issue par laquelle il devait nous être possible de pénétrer.

Il nous aurait promis le paradis de Mahomet et toutes les joies qu'il garde aux vrais croyants plutôt que de nous frayer la voie où nous avions tenté de nous engager seuls.

Nous apprenons, en effet, par une indiscrétion locale, que, deux ans auparavant, il s'est trouvé en rapport avec les tribus dont il nous faudrait, par ce chemin, traverser le territoire, et qu'il les a volées.

Depuis ce moment, il redoute leur vengeance et se tient hors de portée... Naturellement, ce ne sont pas là les explications qu'il nous donne ; mais comme, plus que jamais, nous sommes entre ses mains, il faut nous résigner, et en passer par ce qu'il veut.

Nous nous rembarquons donc. Le mauvais temps nous oblige à de fréquentes escales, tantôt en terre ferme, tantôt sur un des nombreux îlots déserts dont se compose l'archipel de Dalhac.

L'un d'eux n'est habité que par des oiseaux de mer, mais en telle quantité que lorsque nous y mettons le pied, leur vol nous cache le soleil. Le sol que nous foulons n'est autre qu'un guano accumulé là depuis des siècles.

Tous participent de la même origine. Un seul, plus considérable, offre un aspect différent. C'est un rocher à peine recouvert de terre, et des excavations d'un aspect singulier y sont pratiquées. A n'en pas douter, ce sont d'anciens caveaux funéraires ; mais à quelle époque en faire remonter l'histoire ? Nulle légende, nul récit n'en a gardé le souvenir. Aujourd'hui ils servent de refuge aux pêcheurs.

A l'un des villages de la côte, une cérémonie bizarre nous attend. Vingt-quatre chefs des diverses tribus danakiles sont venus saluer leur grand chef Mébémet et lui prêter serment. Désormais, ce jeune homme de vingt-cinq ans est bien le maître incontesté de tous ces rivages, depuis Tadjurrah jusqu'à Zoulah ; et l'Égypte a beau en revendiquer la souveraineté, il se rit de ces prétentions sans valeur.

Le nahib Osman a plutôt l'air de son serviteur que même d'un égal, et volontiers se tient à l'écart. Je crois qu'il soupire après le moment où il pourra enfin prendre congé de nous et retourner à sa paisible résidence d'Arkiko. Ce serait une délivrance pour tous.

CHAPITRE XIV

Le fond de la baie d'Adulis. — Affleurements carbonifères. — Terrain volcanique. — Les naturels. — Shomo Mohammed. — Retour à Massaouah. — Les mariages des porteuses d'eau. — Prise de possession par l'Égypte. — Mgr Massaja. — Les petits esclaves et leur baptême. — Les lions d'Haylet.

Je n'entreprendrai pas, après les cartes marines, de tracer les dimensions mathématiques de cette large échancrure par laquelle, du nord au sud, la mer Rouge amène ses flots jusqu'au pied des premiers contre-forts du plateau éthiopien. Mais, grâce aux vents contraires, nous mîmes sept jours pour en atteindre le bout. Le guide, qu'alléchait l'appât d'une forte récompense, y affirmait l'existence, à fleur de terre, de gisements de charbon importants, et ce motif avait été décisif.

Tous les soirs, suivant l'usage, nous allions chasser. Sans cette ressource, en vérité, je ne sais trop comment nous aurions vécu. Encore fallait-il bien nous garder de nous éloigner du bord, de peur d'être surpris par les indigènes. Par bonheur, nous longions cette fois la côte est de la baie qu'il m'avait été jusque-là donné seulement de contempler de loin, à travers ma lorgnette, et je pus me convaincre de l'excessive différence entre la conformation du sol et les productions des deux rives.

Nous étions au mois de mars; c'était la saison des pluies, ou plutôt le printemps, car il n'y a pas d'hiver. Ainsi que dans la presqu'île d'Ingal, tout était frais, tout était vert. Mille fleurs aux nuances diaprées jetaient à la brise leurs parfums inconnus; des nids se balançaient aux branches, et tout autour voltigeait un monde d'oiseaux aux plumes étincelantes. L'espèce qui attira le plus mon attention fut celle d'un petit oiseau jaune, dont le nid avait la forme d'une poire. Construit d'une façon singulière, au lieu de s'appuyer sur le rameau qui le soutenait, il était, au contraire, fixé à son extrémité, et, presque aussi flexible que lui, avait l'air d'en être le prolongement. Le propriétaire y pénétrait par une ouverture latérale, tout le reste étant hermétiquement clos. Chaque arbre comptait au moins une douzaine de ces demeures aériennes, dont les architectes paraissaient vivre en bon accord. Ce spectacle me rappelait le nid et les mœurs du *cassique,* à la Guyane.

Ce fut encore une tempête qui nous poussa au fond de la baie : un vent comme il n'en souffle que sous les tropiques, une pluie comme il n'en tombe que là-bas... Devenu dangereux, notre débarquement fut remis au lendemain par suite des prières du guide et des soldats du nahib qui, braves jusque-là, sentaient renaître leurs terreurs en approchant de la côte, et espéraient peut-être que l'opiniâtreté du mauvais temps apporterait un obstacle insurmontable à la tentative redoutée.

Il n'en fut rien. Au point du jour, les nuages étaient dissipés, la mer un peu plus calme, et un soleil radieux dorait l'amphithéâtre de collines et de montagnes qui s'étageait devant nous. Deux coteaux plus élevés, et dont la base sort des flots comme un double promontoire, forment avec la plage un quasi demi-cercle où peuvent s'abriter les navires. C'était derrière celui de droite que nous étions mouillés. Sur la pente opposée par rapport à nous, nous avions pu reconnaître, en arrivant, quelques cabanes juchées en sentinelles pour surveiller les alentours. Mais, en face, nulle trace de vie ni d'habitants. Seulement, par une étrange combinaison du hasard, trois blocs gigantesques, espacés régulièrement, comme de la main des hommes, et presque taillés à pic, se détachaient du flanc de la montagne, pareils à trois formidables bastions, pour en défendre l'abord.

Nous débarquâmes. A mesure que nous touchions, un à un, le rivage, les promesses du guide, si larges, si splendides naguère, devenaient de plus en plus restreintes et obscures. A quelques pas on rencontra, avec les premiers plis du terrain, des affleurements analogues à ceux de l'île d'Ouakil, et ce fut tout.

De loin, nous avions aperçu sept ou huit individus affublés, comme toujours, de la lance et du bouclier, qui s'étaient hâtés de prendre la fuite à notre vue, pendant que notre escorte à nous, médiocrement plus rassurée, faisait halte et refusait péremptoirement d'aller plus loin.

Nous regagnâmes la barque après avoir été rendre visite à une source thermale qui sort de terre à quelques mètres à peine de la mer, et dont les eaux salées et bouillantes disparaissent presque aussitôt, absorbées par elle. On nous indiqua, à peu de distance, dans les montagnes, une seconde source d'eau, chaude également, mais douce, celle-là, et bonne à boire.

La tempête avait repris. Impossible de mettre

à la voile, et, d'après le reïs, marin d'expérience, habitué aux bourrasques de ces parages, nous ne pouvions songer à repartir avant deux jours. Sûr de ce délai, je résolus d'en profiter pour porter plus loin mes recherches et m'assurer au moins si l'ancienne route d'Adulis à Sanafé, que je supposais avoir dû passer par là, n'était point une chimérique hypothèse.

Personne de la troupe du nahib ne consentit à me suivre, et malgré les instances du guide, qui, disait-il, répondait de moi par-devant le consul, je me fis mettre à terre, préférant de beaucoup ma solitude à leur société compromettante. Un de ces messieurs, du reste, jeune Espagnol plein d'énergie, s'était résolûment joint à moi.

Notre premier devoir fut d'escalader la montagne aux trois bastions, et d'en haut nous découvrîmes, un peu au-dessous de nous, sur la droite, le cratère d'un volcan éteint. L'orifice en était comblé par une lave dont les éclats refroidis, amoncelés tout autour, avaient, au hasard d'une cohésion capricieuse, créé de fantastiques édifices, à portiques tourmentés, à colonnes tordues, que paraient çà et là des festons de verdure d'un ravissant effet sur l'uniformité de ce fond rouge de brique, ou qui ailleurs se déchiraient sous le puissant effort des convulsions souterraines pour donner issue à quelque grand arbre vigoureux.

Nous descendîmes, et, après avoir franchi ces lieux dévastés, nous arrivâmes, en descendant toujours, à une vallée verdoyante que traversait le lit d'un torrent où coulait un filet d'eau. A travers les arbres et les rocs éboulés, devant nous, des vaches, des chèvres, paissant et bondissant; mais d'habitants, point. Enfin, en continuant, nous en distinguâmes un groupe assez considérable, que notre aspect semblait frapper de surprise et dont l'attitude indécise nous laissait à douter si nous allions avoir affaire à des amis ou à des ennemis.

Je jetai mon fusil en bandoulière sur l'épaule, et m'avançai vers eux la main tendue. Cette manœuvre les décida, et quelques jeunes gens vinrent à nous, en nous offrant de l'eau; puis se présenta un vieillard, qui, nous montrant du doigt le ciel, les montagnes et la mer, nous adressa, dans un baragouin inintelligible, une longue harangue dont je suis encore à me demander le sens... J'essayai de répondre en arabe. Nul n'en comprit un mot.

Dès ce moment, nous fûmes les meilleurs amis du monde.

Après être demeurés quelque temps à nous laisser curieusement regarder par nos nouvelles connaissances, et manier chaque pièce de notre accoutrement, avec cette bonhomie complaisante qu'on éprouve toujours en pareil cas, nous nous remîmes en route dans l'intention de remonter le défilé dont la direction, d'accord avec ce que je présumais et les indications de ma boussole, était précisément celle du plateau éthiopien. Mais nous n'étions plus seuls; nos amis nous accompagnèrent jusqu'à une grotte où nous rencontrâmes d'autres indigènes, avec lesquels les premiers s'abouchèrent et qui vinrent à leur tour nous regarder de plus près et nous serrer la main. Nous nous séparâmes alors.

Nous continuions à remonter la même vallée. Plus nous avancions, et plus je me confirmais dans ma première opinion. Quand la nuit vint, nous nous arrêtâmes, et, après avoir consommé le peu de provisions dont nous nous étions munis, nous nous étendîmes auprès d'un grand feu d'herbes sèches, nous endormant à la grâce du Seigneur. Le lendemain, tout heureux de n'avoir été ni massacrés ni dévorés, nous reprîmes le chemin de la mer, mais en appuyant plus à gauche afin de varier l'agrément de notre exploration.

Étant à Zoula, par l'influence de mon domestique Ibrahim, j'avais eu la bonne fortune de pouvoir nouer des relations personnelles avec un chef qui, suivant mon calcul, devait vivre à peu près dans le voisinage, et dont je me rappelais le nom, Shomo Mohammed. Un de nos amis de la veille, à qui je le prononçai, me fit signe qu'il le connaissait et nous indiqua sa résidence. C'était un grand village dans le genre de Meder, et qu'on appelait *Omeli*. Il est situé à l'entrée de la vaste et belle vallée d'*Arouss Soliman*, non loin des lieux d'Allitena et de Goundou-Goundé. Cette vallée prend naissance tout près de la mer, au delà des montagnes de la baie, et s'étend jusqu'au pays de cette fraction des Afars, vulgairement, à tort, désignée sous le nom de Taltalls, chez qui Mgr de Jacobis jeta les premières bases de son apostolat.

Shomo Mohammed l'avait connu et, quoique fervent musulman, ne nous parlait qu'avec la plus sincère admiration des vertus de l'évêque chrétien. Mais le temps nous pressait. Après une cordiale réception et des adieux expansifs, une marche forcée nous ramena, au bout de deux jours, à la côte, d'où l'on voyait se balancer notre sambouck au gré des vagues, et je me rembarquai, non sans me promettre, à part moi, de revenir.

J'y revins en effet, mais six mois plus tard.

Pour le moment, un peu fatigué, et afin de mieux laisser aux obstacles qui, sur le haut plateau, m'avaient contraint de rebrousser chemin, le temps de s'aplanir, je résolus de me reposer un mois ou deux à Massaouah ou aux environs.

En y arrivant, je trouvai cette ville en révolution. La caste des jolies porteuses d'eau de Monkoullo venait d'être autocratiquement supprimée par une décision du gouverneur. Quelques rixes, paraît-il, avaient eu lieu à leur sujet. Un peu de tapage en était résulté. Des plaintes s'étaient produites. La morale et la religion avaient été outragées, à ce que prétendaient ceux à qui leur âge ou leur situation interdisait tout plaisir trop bruyant. Bref, le kaïmakan résolut d'arrêter le mal en en détruisant la cause.

Il manda à son divan toutes les pécheresses, depuis la première jusqu'à la dernière. Assis sur son siége curule, entouré de ses soldats au nombre d'une quarantaine, c'est-à-dire de toute la garnison, il avait un air terrible.

— Holà! s'écria le réformateur en courroux, qu'est-ce que j'apprends?... Tout Massaouah murmure du scandale qu'y apportent vos déréglements. Vous menez une conduite qui est à la fois une offense pour la religion du Prophète, dont nous sommes tous les serviteurs, et un outrage pour les lois de la Sublime Porte, dont je suis ici le gardien. J'entends que cela cesse, et, pour y mettre un terme, je vais vous marier !

A ces mots, grand émoi dans l'auditoire coupable. Puis le gouverneur, sans désemparer, se retourne vers ses guerriers :

— Toi, Saïd-Effendi, dit-il, tu vas prendre Mœdina pour femme; toi, Ibrahim, Fathma; toi, Abd-Allah, Meriem.

Et ainsi de suite : au bout d'un quart d'heure, toutes étaient placées. Les pauvres petites poussaient des cris et des gémissements à attendrir un bourreau. Elles étaient désespérées et ne voulaient à aucun prix des maris qu'on leur imposait. Mais il n'y avait pas à discuter. Il ne restait qu'à obéir. Tandis que leurs femmes improvisées pleuraient et se débattaient, les soldats, eux, ravis, les entouraient de leurs bras et les entraînaient déjà chez eux.

Ce fut sur ces entrefaites que mon retour s'effectua. En dépit des lamentations et des larmes de la première heure, les nouveaux ménages n'allaient pas trop mal, et chacune des épousées commençait à prendre gaiement son parti.

Le commerce de l'eau n'en avait pas été interrompu pour cela. Seulement, les jeunes filles de la veille, devenues du jour au lendemain des femmes légitimes, l'exerçaient dorénavant au profit de leurs maris. Nul ne songeait dès lors à se plaindre, et l'Islam comptait une victoire de plus.

Des particularités d'un caractère plus intéressant signalèrent mon séjour à Massaouah. Le consul m'apprit en effet, un beau matin, que le vice-roi d'Égypte venait d'obtenir de la Sublime Porte que le gouvernement de cette ville, avec toute la région qui en dépendait, relevât désormais directement de son autorité. Ce changement n'avait d'importance que pour l'avenir. C'était une première menace à l'adresse de l'Abyssinie. Pour le moment, tout se borna à l'apparition de deux bâtiments de la marine égyptienne, qui débarquèrent un bataillon d'infanterie avec une section d'artillerie, et au remplacement du kaïmakan turc mal vêtu par un autre officier pourvu d'un uniforme plus réglementaire.

A cette occasion il y eut illuminations, musique et dîner à bord... L'un des deux navires était une frégate en train d'accomplir un voyage de circumnavigation autour de l'Afrique. Il y avait deux ans qu'elle avait quitté Alexandrie.

En relâchant au Cap, le pacha qui la commandait avait eu la bonne idée de faire une ample provision de vin de Constance. Au repas, où je fus convié, on en servit des flots : il était excellent, et comme il y avait près de sept mois que je n'avais bu une goutte de vin, je le savourai avec délices pendant que mon hôte, par respect pour la loi du Coran, s'en abstenait rigoureusement. Au dessert, lorsqu'il y eut un peu plus d'expansion entre nous et un peu moins de regards indiscrets aux alentours, il se grisa de champagne comme un vrai mécréant.

Deux évêques avaient également pris part à cette petite fête, le chef de la mission lazariste, récemment arrivé de France, Mgr Bel, et un vénérable prélat, de l'ordre des Capucins, Mgr Massaja. Celui-là évangélisait les Gallas et le Choah. Il était depuis plus de trente ans en Éthiopie. Familier avec la plupart des idiomes locaux, en relations personnelles avec tous les personnages de marque, il avait été mêlé à tous les événements qui avaient agité le pays depuis cette époque. Je ne me lassais pas de l'écouter. Minylick, roi du Choah, le descendant de Salomon et de la reine de Saba, était un de ses amis. Théodoros lui-même l'entourait d'égards.

— Oui, me disait le bon prêtre avec simplicité, oui, le négus m'a toujours témoigné beaucoup de respect, beaucoup!

Puis il ajoutait sans malice :

— Il m'a fait enchaîner sept fois!...

Et comme je m'étonnais de cette façon de manifester son respect :

— Oh! cela ne fait rien, continuait-il. Cela ne fait rien. Oui! oui! il me respecte beaucoup.

Il avait résidé plusieurs années dans le royaume de Kaffa, l'une des provinces méridionales de l'Éthiopie, habitée par les Gallas; et il me racontait de quelle façon le souverain de ce pays s'y était pris, un jour, pour lui manifester son amitié : il lui avait envoyé, à lui et à ses religieux, six femmes, deux pour chacun...

— Et que fîtes-vous alors? lui demandai-je.

— J'allai trouver le roi, me répondit-il, et après lui avoir expliqué les devoirs que nous imposait notre vœu de chasteté, je le priai, à la place des femmes, de nous donner des vaches...

Ce qui fut fait.

Mais ce refus parut tellement extraordinaire que pendant longtemps, la nuit, nos capucins surprenaient des hommes grimpés sur le toit de leur maison pour les épier et juger de la vie qu'ils menaient en réalité chez eux. Lorsqu'on fut bien convaincu de la sévérité de leurs mœurs, ils se virent entourés d'une vénération sans bornes, et la bienveillance du roi pour eux en redoubla. Quant aux progrès de la foi dont ils étaient les apôtres ils n'en devinrent guère plus actifs. Ces peuplades ont à peine une idée confuse de la Divinité. D'un paganisme sans doctrine et sans formule, elles rendent tout au plus un vague hommage aux arbres géants de leurs forêts. Elles en parent le tronc d'ornements barbares, de bracelets grossiers. Mais jamais ni prières ni sacrifices. Ils écoutaient la parole des bons Pères avec plus de sympathie pour leurs personnes que d'attrait ou même de curiosité pour leurs enseignements. Les femmes et les chevaux gallas jouissent, à juste titre, d'une renommée de beauté exceptionnelle.....

M. Antoine d'Abbadie, le membre de l'Institut, est le premier Européen qui ait pénétré jusqu'à ces contrées reculées, et le seul, en dehors de ces mêmes missionnaires, dont plus tard ses propres rapports déterminèrent l'envoi.

C'était déguisé en marchand d'allumettes que Mgr Massaja avait pu parvenir, au début, à se glisser dans l'intérieur... Que de courage et que de persévérance !...

En ce moment, il revenait d'Europe et attendait une occasion propice pour rejoindre le siége de sa mission. A Massaouah, il utilisait ses loisirs en faisant le bien. Ayant appris que des marchands d'esclaves ramenaient à la côte une troupe d'enfants gallas enlevés à leurs parents ou vendus par eux, sans hésiter, il était allé les trouver et leur avait acheté tout ce qu'il avait pu, une dizaine environ. Puis il s'était mis à l'œuvre et avait entrepris d'instruire ces pauvres petits malheureux. Un beau matin, les jugeant suffisamment préparés, il m'annonça leur baptême, et me demanda de leur servir de parrain.

Je n'avais pas de raison pour refuser. Bien au contraire! Et, d'un seul coup, nous baptisâmes dix jeunes moricauds que j'appelai François, Antoine, etc., etc.

Je ne sais si nos néophytes se rendaient bien compte de la transformation morale que leur imposait cette cérémonie. Mais comme, depuis qu'ils avaient passé aux mains de l'évêque, ils n'étaient plus battus, qu'on les nourrissait relativement bien, et qu'enfin une belle chemise de toile blanche remplaçait leurs haillons primitifs, ils se montraient enchantés et prêts à recevoir le baptême autant de fois qu'on aurait voulu.

Plus tard, leur éducation chrétienne se compléta au couvent des Capucins de Marseille. Pénétrés des vérités de la religion catholique, la plupart reçurent les ordres, et furent ensuite renvoyés à leur pays d'origine pour l'y enseigner. Malheureusement, les trois quarts y sont morts; mais les survivants y demeurent toujours fidèles et dévoués à l'œuvre de salut qui les appelle, et aujourd'hui cette mission est en pleine prospérité.

Mgr Massaja, qui plus que personne appréciait bien toute l'étendue des ressources que garde le plateau éthiopien à une initiative européenne assez résolue pour tenter d'en ouvrir les portes, ne me ménageait ni les discours ni les encouragements afin de me pousser dans cette voie. C'était, d'ailleurs, le rêve de ma vie et le but secret de mes voyages. Je le lui avais avoué, et d'avance toute son influence était acquise à mes efforts. Aussi allais-je repartir pour reprendre le cours des études indispensables à une conception aussi vaste, lorsque j'appris qu'à deux jours de Massaouah environ, au milieu des montagnes, un village, celui d'Haylet, se trouvait ravagé journellement par une bande de lions.

Les habitants avaient fait mainte démarche auprès du gouverneur, et réclamé quelques armes à feu pour se protéger au moins contre les incursions de ces voisins peu commodes. Mais il est si bon, quand il fait chaud, de rester étendu les yeux fermés et la pipe à la bouche, que personne ne se dérangeait et n'avait l'air de les entendre.

« Si j'y allais ! » me dis-je...

Et aussitôt me voilà parti, malgré les contes effrayants dont mes prévoyants domestiques ne manquèrent pas d'aller faire ample moisson pour arrêter un élan auquel ils se souciaient médiocrement d'être associés.

Après une longue et pénible route, à la fin de la première journée, j'atteignis la flaque d'eau où la halte était fixée d'avance, à peu près à mi-chemin. Il était environ minuit ou une heure du matin. Pas de bois aux alentours. Impossible, par conséquent, de faire du feu pour éloigner les animaux féroces. L'endroit était des plus pittoresques : le lit d'un torrent desséché, un site sauvage, véritable décor d'opéra-comique. A droite et à gauche, des rochers gigantesques; dans un coin, à leur pied, un peu d'une eau dormante, reflétant l'azur sombre des cieux chargés d'étoiles; sur le sable, de grandes ombres dessinées aux rayons de la lune par leurs cimes escarpées; et sur tout cela, un si-

lence de mort planant comme une menace...
Puis, tout à coup, des rugissements éclatants, des hurlements, des plaintes, des glapissements, tout le tapage habituel, en un mot, jusqu'au lever du soleil... Le lendemain, au soir, j'étais à Haylet.

Haylet n'est qu'un village dans le genre de Zoula, ni plus beau, ni plus laid; même architecture d'édifices et mêmes matériaux employés : des branches d'arbres et des herbes sèches. C'est le séjour du chef de la branche cadette et rivale des nahibs d'Arkiko. Pour le moment, elle était représentée par un jeune homme de vingt ans à peu près, le nahib Abd-er-Rahim, qui y vivait sous la surveillance d'une garnison égyptienne.

L'aspect général est celui d'un vaste entonnoir planté de mimosas et entouré de montagnes. Dans le creux, surgit une source ferrugineuse, à laquelle on accourt de loin demander la santé. Tout le sol est, du reste, zébré de filons de fer. Dans les bois qui en tapissent le flanc réside la bande des lions que je suis venu chercher : le père, la mère, et trois ou quatre petits rejetons.

Chaque nuit, après avoir humé à pleins poumons la brise du soir et salué de quelques rugissements d'allégresse le lever de la lune, la blonde et tendre Phœbé, cette intéressante famille sortait méthodiquement de son antre, et allait se mettre en appétit par quelques rasades à la source fraîche. Ensuite, tout en se pourléchant les lèvres, on se dirigeait patriarcalement du côté du village.

Une fois là, ils erraient lentement à travers les huttes sombres, flairant à droite et à gauche, folâtrant même ; puis tout à coup, au milieu du silence, on entendait un cri, un seul cri, un cri horrible... C'était un être humain que le lion avait choisi. Il s'approchait de la cabane, d'un coup de patte en éventrait la fragile muraille, et, du grabat gisant à terre, il arrachait fille, femme ou garçon, sans rencontrer d'autre résistance qu'une impuissante clameur.

Quelquefois, une seule proie ne suffisait pas, et, dans la même nuit, trois ou quatre personnes étaient dévorées de la même manière... Et le lendemain, la population, un instant terrifiée, se calmait et attendait le soir avec une résignation fataliste, se demandant lequel de ses membres deviendrait à son tour, cette nuit-là, la victime du lion... On me montra une maison où, sur quatre habitants, trois avaient été mangés ainsi, et le quatrième y était encore.....

Le soir de mon arrivée, l'obscurité était profonde. Impossible de distinguer le point de mire de ma carabine. Je voulus essayer, au jugé, quelques coups de feu sur les hyènes qui entouraient ma hutte; aucun ne porta. C'eût été folie que d'attendre la visite du lion dans de telles conditions. J'étais harassé; je rentrai et je me jetai sur la peau de bœuf étendue à terre qui, comme toujours, me servait de lit...

Il y avait à peine une demi-heure que je dormais de ce demi-sommeil agité qui suit les grandes fatigues ou accompagne les préoccupations vives, lorsque, tout à coup, de l'autre côté des fagots d'épines qui défendaient l'entrée de ma demeure, éclate un rugissement formidable, auquel bientôt d'autres répondent. Tantôt ils s'éloignent, tantôt ils se rapprochent. A mes pieds, mes domestiques frissonnent. A chaque instant, je m'attends à voir voler en morceaux, sous l'attaque puissante de l'animal, la frêle barrière qui me sépare de lui. Je prête l'oreille; j'interroge la nuit. Mon regard tente vainement de percer les ténèbres. J'ai le doigt sur la détente de mon arme. Est-ce sur moi, est-ce sur un autre que se portera son choix?...

Et je reste une heure et quart ainsi, écoutant son souffle, tressaillant au bruit de ses pas. Aux amateurs d'émotions fortes, je signale celle-là.

Puis, enfin, tout se tait, les pas s'éloignent, les rugissements s'éteignent. Cette nuit, Haylet avait été préservé, et c'était à un village voisin que les lions étaient allés demander, par exception, leur menu accoutumé.

Le lendemain, j'épuisai les promesses et les offres auprès de chacun des indigènes pour que l'un d'eux me conduisît au repaire des lions que tous connaissaient. Le jour, je me sentais plus brave. Vains efforts ! La terreur était trop grande ; aucun ne voulait se risquer, et chacun préférait une inaction égoïste et stupide qui, en le mettant provisoirement à l'abri, lui laissait du moins la chance d'être épargné aux dépens, peut-être, de son voisin. Je dus me borner à tenter seul l'aventure : un de mes domestiques, originaire du pays, me servait de guide. Il marchait à regret, néanmoins, et depuis, j'ai toujours soupçonné le gaillard de m'avoir, pendant sept ou huit jours, égaré à dessein. Une seule fois, je me trouvai par hasard au milieu d'un troupeau dont le berger venait d'être enlevé par le lion. Il y avait pourtant des vaches bien grasses et bien appétissantes ; mais on prétend que le lion, doué d'une délicatesse raffinée, ne peut plus se nourrir d'autre chose que de chair humaine, dès qu'il y a goûté.

C'était à cette particularité gastronomique qu'Haylet devait en ce moment d'être ravagé comme il l'était. Car, depuis des années, les lions avaient habité les mêmes parages sans qu'on eût eu jusqu'alors à s'en plaindre. Par ci, par là, une vache, un mouton, disparaissaient bien. Mais c'était un tribut peu onéreux, et qu'on regardait presque comme légitime, jusqu'au moment où, par une belle nuit, le lion se trompa, et, au lieu d'une bête du troupeau, en croqua le gardien. A partir de cet instant, ce fut chose réglée, et commencèrent les désastres d'Haylet.

Les traces que je venais de relever se perdaient au milieu de rochers presque inaccessibles. Durant cette semaine, je ne sais par quel coup du sort, aucun lion ne s'était montré dans le village, et je maugréais tout bas, lorsqu'un beau matin, au point du jour, je suis éveillé par des rugissements répétés. Ma toilette est vite faite. Je saute sur ma carabine, et je cours du côté d'où ils partaient. Il n'y avait que le mâle et la femelle. Ils emportaient un homme. Je suivais l'empreinte sanglante de leurs pas; par malheur, c'était vers les buissons de mimosas qu'ils se dirigeaient.

Cet arbre offre au chasseur, par ses redoutables épines, une barrière plus infranchissable qu'une muraille de pierre. Il fallait contourner les massifs ; à quarante ou cinquante pas en avant, j'entendais craquer les os du malheureux, et les grondements étouffés des horribles bêtes qui, tout en marchant, savouraient leur proie...

Le domestique qui m'avait accompagné me quitta. Je courais toujours, néanmoins ; mais les lions me gagnaient de vitesse.

Se sentaient-ils poursuivis par un ennemi nouveau et inconnu ?... Devinaient-ils un danger mystérieux ? Ou bien, rassasiés, regagnaient-ils paisiblement leur tanière ? Je l'ignore. Toujours est-il qu'en dépit de ma course, et tout déchiré que j'étais aux épines des mimosas, les pieds et les mains en sang, je les aperçus bientôt — deux superbes animaux, ma foi ! — à une distance assez considérable, gravir la montagne, puis disparaître. Je renonçai à regret, et rentrai tristement au village ; mais à présent que je suis loin de cette scène entraînante, que je l'envisage telle qu'elle fut, et que je réfléchis avec plus de calme et de sang-froid, je crois que je dois m'estimer fort heureux de ne pas les avoir vus de plus près, et bénir mon échec... car je suis fort mauvais tireur.

Quelques jours après, je retournai à mes premiers projets, et je laissai Haylet et ses lions pour reprendre le cours de mes pérégrinations... Je poussai vers le nord; j'explorai la partie du versant éthiopien qui confine au Soudan. — J'aborderai ailleurs cette autre phase de mes voyages. — Puis, au bout de quelques mois, je revins une troisième fois à Massaouah, pour en repartir définitivement et gagner Aden, en achevant l'examen du littoral de la mer Rouge, y compris, sur l'océan Indien, ce coin de terre française que je décrirai plus loin, et qui s'appelle Obock !

CHAPITRE XV

Exploration chez les Borris. — Beled el-Bogorr. — Les éléphants. — Obock, possession française. — Importance et avantages de sa situation. — Ce qu'on en pourrait faire. — Aden. — Retour en France.

Avec quelle ardeur on aime son pays lorsqu'on en est loin! Partout où j'allais, parlant de la France, de sa civilisation, de sa puissance, j'étais heureux des sympathies spontanées que son nom évoquait chez ces populations chrétiennes de l'Abyssinie, dont elle est vénérée comme la protectrice officielle vis-à-vis des Turcs. Frappé de l'accumulation des richesses naturelles qui s'y rencontrent, je me représentais quels nouveaux éléments de grandeur et de prospérité apporterait la possession d'un pays si merveilleusement doué, si bien situé, si peuplé, et mûri comme il l'est par ses agitations sociales, à une grande nation telle que la nôtre venant à lui, non en conquérant vulgaire, mais en bienfaiteur et en allié, lui apportant, non les égoïsmes de la servitude, mais, avec l'initiative de son commerce, toutes les lumières de ses doctrines...

Loin de s'envoler comme le rêve d'un patriotisme irréfléchi, le germe de cette pensée s'était développé dans mon esprit avec l'expérience et la connaissance plus approfondie des hommes et des choses. Mais, avant tout, il fallait, sur la mer, une porte ouverte aux tentatives extérieures, soit au-dessus, soit au-dessous du détroit de Bab-el-Mandeb. De ce côté-ci, la baie d'Adulis se désignait d'elle-même. Je résolus d'en compléter l'étude.

Par l'intermédiaire de notre consul à Massaouah, je m'étais mis en rapport avec un nommé Mustapha, l'un des chefs influents des Borris, sujet de la Porte, celui-là, et de plus agent du gouvernement égyptien. Son village, appelé *Oueld Negus,* était précisément construit sur la pointe extrême de la presqu'île, en face de Dessé, au milieu d'une vaste plaine nue et découverte, éloigné des montagnes, ce qui expliquait la soumission du chef au gouvernement ottoman. Néanmoins, Mustapha était en très-bons termes avec ses voisins indépendants, et, grâce à lui, sous la conduite de son propre frère et d'une garde qu'il me choisit parmi ses guerriers les meilleurs et les plus renommés, je pus enfin affronter leurs inviolables retraites.

A Oueld Negus, j'avais ouï d'hyperboliques récits sur ces mystérieuses contrées : une substance jaune comme un rayon de miel, y disait-on, s'échappait en paillettes miroitantes des fissures du rocher; des pierres étincelantes, aux vifs reflets, jonchaient le terrain pêle-mêle avec les cailloux grossiers; d'autres merveilles indescriptibles devaient m'éblouir encore... En un mot, je me croyais à la veille de mettre le pied en plein domaine de la féerie et de la légende...

Je n'entrai que dans une fournaise où les arbres flétris laissaient pendre inutilement sur une terre calcinée leurs immobiles rameaux... 55 degrés à l'ombre !

Nous étions en juillet, il est vrai, et moi qui descendais des frais plateaux de l'Hamacen et du Mensah, j'avais peine à dompter les vertiges de cette température de feu, dont aucun souffle d'air, ni le jour, ni la nuit, n'atténuait l'ardeur. Tantôt longeant le bord même de la mer, tantôt nous enfonçant dans des gorges étroites ou gravissant des pics escarpés; d'autres fois traversant de riantes vallées, dont le sol, plus rapproché de la nappe d'eau souterraine, y puisait une fraîcheur favorable à la végétation, nous marchâmes quatre jours, sans rencontrer d'autres gens que des bergers avec leurs troupeaux, et un petit village appelé *Beled el-Bogorr,* c'est-à-dire pays des bœufs.

Là, l'apparition de mon visage blanc jeta le désordre et la perturbation. Jamais Européen jusqu'alors n'y avait été vu. En un clin d'œil, je fus entouré, contemplé, d'abord à distance, avec une certaine dose de crainte respectueuse; puis bientôt, la timidité envolée, c'était à qui m'approcherait, à qui me palperait. Les hommes me frottaient le poignet pour s'assurer si ma couleur était bon teint. Quant aux femmes, nous étions en pays musulman, elles n'osaient se montrer; mais j'apercevais leurs yeux curieux qui brillaient à travers les fentes des huttes, dévorant avec avidité le spectacle de cet être étrange venu on ne savait d'où. Plus à l'écart, des groupes de jeunes gens, vêtus académiquement d'une lance, gesticulaient et discutaient, à ce que j'appris plus tard, sur les infirmités inhérentes à ma race, dont la moindre n'était certes pas, selon eux, la nuance de ma peau.

Quoique géographiquement si près de nous et de nos mœurs, ces peuplades farouches en sont plus loin, par le fait, que bien des cannibales de la Polynésie. De notre côté, nous les ignorons à peu près totalement, et ne possédons que des notions bien vagues, en général, sur la terre qu'elles habitent. J'eus, pour mon compte, à constater plus d'une erreur dans la carte que j'avais entre les mains. Au lieu, entre autres, d'être, comme elle l'indiquait, une sorte de tronçon montueux et isolé, surgi pour ainsi dire des flots, la presqu'île de Borris n'est qu'un rameau détaché de la grande chaîne des montagnes éthiopiennes qui court vers le sud-est, s'y reliant directement sans solution ni déchirure.

En divers endroits, des morceaux d'obsidienne, quelques-uns d'assez forte dimension, parsemaient le terrain. Des traces récentes d'éléphants nous conduisirent à une mare, où cinq de ces animaux étaient en train de boire. Épouvantés à cette vue, mes gens n'osaient pas avancer. Il n'est pas de bêtes sauvages qui, chez eux, excitent à un plus haut degré la terreur. Moi, avec mes instincts de chasseur et ma présomption de Français, je courais dessus. Tout le monde se jeta au-devant de moi pour me retenir.

Pendant le débat, les éléphants se retirèrent paisiblement d'eux-mêmes, en file indienne, un à un, et rien ne me surprit davantage que la prodigieuse agilité de ces êtres énormes, si lourds, si gauches en apparence. Ils franchissaient droit devant eux, sans souci des différents obstacles, les pentes les plus roides avec une rapidité telle, qu'un cheval au galop n'aurait pu les suivre. Le sillon laissé dans les taillis par leur passage ressemblait à la trouée d'un boulet de canon.

On se fait communément chez nous une idée très-fausse de l'éléphant. Habitués, ainsi que nous le sommes, à voir ce colosse, dans les cirques forains, se prêter avec douceur et résignation à tous les tours de passe-passe qu'on en exige, ou bercés par les récits qui nous le représentent aux Indes comme un modèle d'intelligence et de fidélité, nous nous figurons volontiers que la vie libre doit développer non moins chez lui ces qualités naturelles, et qu'au désert, comme sur la scène, on n'a qu'à lui présenter une carotte au bout des doigts pour qu'il vienne la manger aussitôt en vous caressant de sa trompe.

Ce n'est pas tout à fait de la sorte que les choses se passent. Il n'est pas d'animal plus farouche, au contraire, et parmi les hôtes nombreux des solitudes africaines, pas un qui inspire à l'indigène autant d'effroi, lorsqu'il le rencontre seul. S'il en est aperçu sans qu'un arbre élevé, sans qu'un ravin étroit ou quelque fourré impénétrable lui permette de disparaître subitement à ses yeux, malheur à lui! L'éléphant lui court sus, le saisit dans une formidable étreinte, et l'écrase contre un rocher, ou le broie sous ses pieds.

Rarement, il est vrai, on le trouve seul. Les individus qui mènent cette existence sont des misanthropes, dans le genre du sanglier qu'on désigne sous le nom de *solitaire,* ou des vaincus chassés du troupeau par un rival plus heureux. D'ordinaire, ils vivent en troupe, et chaque troupe se choisit un chef qui la guide, qui la conduit où bon lui semble, et dont tous les autres suivent aveuglément les pas. C'est ce qui rend si redoutable une rencontre de cette nature. Pour peu que l'ennemi sur lequel s'est précipité le premier éléphant échappe aux coups de celui-ci, il est infailliblement atteint et mis en pièces par le reste de la bande. Néanmoins, ceux-là attaquent beaucoup moins souvent l'homme que le solitaire.

Bien des années auparavant, un voyageur européen[1] traversait précisément la contrée li-

---

[1] M. Antoine d'Abbadie.

mitrophe de celle dont je viens de parler. Il descendait une rampe assez escarpée, en compagnie d'une caravane d'indigènes en tête de laquelle il marchait, lorsque tout à coup ces derniers, encore sur la crête d'un mamelon, lui crient de se garer en hâte, parce qu'ils distinguent dans la plaine des éléphants qui viennent sur lui.

Par bonheur, la vue de ces animaux n'est pas trop perçante. Le voyageur a le temps de se jeter dans la broussaille avec les autres, et retenant son souffle, il voit, à travers les branches, défiler, à une demi-portée de fusil, onze éléphants mâles et femelles. Ensuite, lorsqu'ils sont suffisamment éloignés, tout le monde se remet en route.

A peu de jours de là, les hasards du voyage le ramènent en arrière. Il est obligé de remonter à peu près dans la direction prise par les éléphants, et après avoir franchi un ravin profond, il arrive non loin d'un « campement de pâturages ». Deux hommes suivaient, en sens contraire, le même sentier que lui. Aussitôt que les uns et les autres sont à portée réciproque de la voix, on s'arrête des deux côtés, et alors commencent à grands cris les questions d'usage :

— Qui es-tu ? Où vas-tu ? D'où viens-tu ?

Puis, lorsqu'il a été répondu d'une manière satisfaisante à cette triple interrogation, on se rapproche, et sur un ton plus intime se pose invariablement la quatrième question :

— Quoi de nouveau ?

— Oh! il y a beaucoup de nouveau chez nous, répondent les deux indigènes. Nous nageons dans l'abondance, et le village regorge de viande. Il y a quelque temps, pendant une nuit, nous entendons un horrible fracas du côté du précipice au bord duquel il est assis, comme des chutes répétées de quartiers de rocs, et des mugissements épouvantables. Au jour, nous y allons tous, et qu'est-ce que nous trouvons ? Des monceaux de chair saignante, d'os brisés entassés au bas de la falaise. C'étaient des éléphants qui, durant les ténèbres, n'avaient pas aperçu le gouffre, et, trompés par leur guide, s'y étaient tous précipités à sa suite. Il y en avait onze !...

En de telles occasions, lorsque le sel ne manque pas, on sale et l'on conserve ces viandes. On en montra au voyageur une raisonnable provision, ainsi que l'ivoire provenant de ce même gibier qui l'avait si fort effrayé, lui et ses compagnons, une semaine auparavant. Mais pareille aubaine est rare, et de près ou de loin, s'il ne fait de cette chasse l'objet d'une profession spéciale, le premier mouvement de tout Abyssin surpris inopinément par la présence d'un éléphant est de se cacher ou de se sauver. Je venais d'en faire l'expérience avec mes gens.

Au retour, dans la route que nous choisîmes, je fus à même de constater, sans pouvoir l'expliquer autrement que par des hypothèses, un singulier phénomène. Nous étions arrivés au lieu de la halte, petit bassin resserré entre deux hauteurs, à une centaine de pas au plus de la mer. De grands arbres, des fourrés épais attestaient la présence de l'eau. En effet, au pied de l'un d'eux, étaient creusés cinq trous, sur le fond de sable desquels apparaissait un liquide clair et engageant.

Je voyais mes hommes y puiser et se désaltérer à longs traits. Je voulus faire comme eux, et je m'approchai de celui des puits dont les abords étaient le moins encombrés. L'eau de celui-là était saumâtre, tandis que celle des quatre autres était excellente! Il va sans dire que je n'obtins guère d'explications satisfaisantes de la part de mes buveurs, qui, pour toute raison, m'affirmaient que de tout temps il en avait été ainsi.

J'en avais fini, cette fois, avec la baie d'Adulis. J'avais fait une étude suffisamment consciencieuse, pour le but que je me proposais, de tout ce littoral. Ce que je n'avais pu juger de mes propres yeux, il m'était permis de le conjecturer par analogie, sans risque de grande erreur. Il ne me restait plus, d'après mon programme, qu'à visiter Obock. Ce devait être ma dernière étape avant de rentrer en France. Je me rembarquai donc, et de nouveau recommençai à descendre la mer Rouge.

En sortant du détroit de Bab-el-Mandeb, après avoir salué les canons de Perim, sur la rive africaine, au fond du golfe d'Aden, le navigateur découvre Obock. C'est une petite anse, fermée par des récifs de coraux, protégée au nord par de hautes falaises, et dont tout le rivage, aux alentours, est sillonné par les traces des eaux qui descendent des hauteurs voisines, en même temps que couvert de mimosas et de végétation, dès qu'on s'éloigne des bords immédiats de la mer. Acquis par un traité en règle, des chefs du pays, le 11 mars 1862, avec le territoire avoisinant sur une surface de vingt-cinq kilomètres carrés environ, c'est aujourd'hui une possession française, incontestée et incontestable, bien que, jusqu'à présent, nous n'en ayons pas fait grand usage.

Si la baie d'Adulis et Massaouah tiennent les clefs du chemin de l'Abyssinie septentrionale par le Tigré, le golfe d'Aden et Obock commandent ceux qui mènent à l'Abyssinie méridionale par le Choah. C'est derrière, en effet, mais bien plus loin de la côte qu'Halaï et les rampes du Tarenta, que s'élève Ankober, capitale de Minylick, en attendant le jour où la cathédrale d'Axoum lui ouvrira ses portes. Puis au delà, les royaumes des Gallas, celui de Kaffa; et entre eux tous et la mer, une vaste contrée semée d'ondulations boisées, arrosée par des cours d'eau, peuplée de tribus nombreuses, riche en troupeaux et en céréales, qui n'est pas encore l'Abyssinie, mais qui s'y rattache.

Zeïlah, Tadjura, Berberah, sur les rives du golfe, sont des bourgades où végète, durant le cours ordinaire de l'année, une population clairsemée, mais dont la vie change singulièrement dès que commence la saison des pluies, c'est-à-dire celle des transactions et des voyages.

L'époque en coïncide avec les mois de notre hiver. Rien d'insolite alors à voir plus de 100,000 personnes et de 20,000 chameaux camper sous les mimosas de la plaine, autour des murs effondrés de ces petites villes, tout étonnées du bruit et de l'animation qui les réveillent. Mais quel tumulte alors!... Quelle affluence!... Que de gens de toutes les origines, de toutes les couleurs!... Que veulent-ils?... D'où viennent-ils?... Que font-ils?...

Ce qu'ils font?... Ils obéissent aux tendances instinctives de leur race qui les poussent à se rapprocher de la mer, pour y chercher une porte par où les merveilles de l'Occident puissent arriver jusqu'à eux.

D'où ils viennent?... Ils descendent des montagnes du Godjam, des pays des Gallas, des déserts du Sômal, du Kaffah, du Narréah, de trois, de quatre cents lieues!...

Ce qu'ils veulent?... Échanger, celui-ci les graines du caféier qu'il a ramassées dans la forêt; celui-là, les pépites de l'or disputées au sable du torrent; cet autre, l'ivoire des éléphants qu'il a pris au piége ou les peaux des animaux qu'il a tués à la chasse; d'autres encore, les dépouilles ou la laine de leurs troupeaux, la cire et le miel de leurs abeilles, le musc des civettes... et cent autres denrées. Tout cela gît pêle-mêle auprès du chameau accroupi, du bœuf ruminant, ou de la mule entravée.

En échange de tous ces biens, ils réclament des étoffes pour se vêtir, des outils pour travailler, des armes pour se défendre ; ils convoitent tous ces objets encore sans nom dans leurs langues, mais dont peu à peu l'usage se répand parmi eux, et que leur industrie dans l'enfance révère comme autant de prodiges.

C'est que cette zone de l'Éthiopie à laquelle confine le golfe d'Aden n'est plus l'Éthiopie relativement instruite et civilisée de Gondar et des négus. Les richesses naturelles s'y trouvent en aussi grande abondance, peut-être même plus encore, que dans le Tigré, l'Hamacen, etc., etc. Mais la race exclusivement guerrière et pastorale des Gallas, qui en majorité a envahi aujourd'hui ces immenses contrées, a dédaigné jusqu'à présent les arts dont ses voisins lui fournissent les produits. Pour eux, mieux que pour d'autres, l'argent n'est qu'un mot sans portée ; et tous les trésors de Golconde ne payeraient pas le vase de lait ou la galette de tief que le voyageur, une fois assis au foyer de l'un d'eux, n'a plus à réclamer des coutumes bibliques de leur hospitalité. L'échange seul, voilà la base unique de leur commerce, l'appât de toutes les transactions.

Leurs rapports, de jour en jour plus suivis, avec les marchés du littoral, leur ont livré le secret des profits qu'ils peuvent tirer des dons qu'une nature prodigue a jetés, sans compter, sous leurs pas. Ce qu'ils ignoraient, ils l'ont appris progressivement. C'est ainsi que cette gomme qui suinte des arbres dont leurs vastes domaines se couvrent spontanément, négligée naguère, se récolte aujourd'hui avec un soin avide et s'entasse en monceaux. Puis ces envois, de même que le café de Kaffa, qui devient le *moka,* changent de nom en débarquant chez nous et se débitent sous l'étiquette de gomme arabique. Il faudrait bien peu d'efforts pour que de cette affluence unanime des populations, de cette accumulation de denrées et de productions si variées, surgît, au profit de l'initiative européenne, une source de bénéfices sans limites.

A l'abri des vents, tout près de Tadjura, Obock jouit à la fois du double privilége d'être un asile sûr où les bâtiments peuvent chercher refuge contre la tempête, et de se trouver dans le voisinage de ces places de la côte dont les caravanes commerçantes de l'intérieur ont déjà l'habitude de fréquenter la route. Mais il y a loin des conditions actuelles de l'existence économique et sociale de ces bourgades, ne leur offrant que des avantages précaires sous le contrôle rapace de l'Égypte, à celles d'une installation française, définitive et manifeste, qui leur apporterait ces gages de sécurité et d'équité indispensables au développement comme au maintien de toutes les relations humaines.

En voyant, à quelques milles de là, s'élever, sur une terre française, des constructions durables, témoignage d'une occupation réfléchie et continue ; en voyant, de ce point, rayonner jusqu'à eux l'action bienfaisante d'une nation dont le zèle patriotique de nos missionnaires leur a enseigné à révérer le nom, et la sauvegarde d'un appui partout respecté, ces hommes, sollicités par l'appât d'un gain plus large, séduits par les attraits d'une amitié efficace et solide, ne tarderaient guère à renoncer aux garanties mal assurées de Berberah ou de Zeïlah, pour aborder un marché plus riche, plus honnête et plus hospitalier. Ainsi s'établirait de soi-même, au profit de la ville nouvelle, un mouvement actif et régulier d'échanges avec toute cette partie de l'Afrique restée jusque-là en dehors des courants commerciaux du vieux monde, parce qu'il n'avait rien fait pour s'en ouvrir l'accès, et se fonderait enfin pour notre marine nationale, un port à nous, dont tout démontre la nécessité dans ces parages, un lieu de relâche, un asile, qu'on s'étonne de n'avoir pas vu y ménager plus tôt.

Une création de cette nature serait loin d'avoir à surmonter autant d'obstacles qu'on le peut supposer. Les chefs immédiatement limitrophes n'ignorent pas le prix du voisinage d'un comptoir européen dont ils se flatteraient tout bas de savoir exploiter, au gré de leur astuce orientale, et l'alliance et les besoins. Employés avec adresse, rétribués avec justice, ils deviendraient bien vite les agents les plus dévoués de notre influence et les représentants les plus fidèles de nos intérêts.

Le roi de Choah serait le plus directement intéressé, de tous les princes de l'Abyssinie, à l'établissement sur la mer d'une station permanente où il puiserait toutes les ressources qui font défaut à son royaume, et dont il comprend l'urgence pour la réalisation des desseins ambitieux qu'il nourrit. Aussi, d'ores et déjà, tous ses efforts, tous ses vœux, toute sa politique tendent-ils à inaugurer, d'Ankober au golfe d'Aden, une voie sûre, par laquelle ses émissaires et ses caravanes puissent, en tout temps et sans danger, le tenir en communication avec l'Europe.

Mais ce n'est que par une association d'hommes aux idées larges et patriotiques, disposant d'une force morale assez grande pour affirmer leur volonté, et de moyens d'action assez puissants pour en poursuivre résolûment le cours, que l'ensemble d'un tel projet, avec toutes ses conséquences, demande à être envisagé.

La situation exceptionnelle d'Obock, à l'entrée de la mer Rouge et de l'océan Indien, sur la route de tous les navires à destination des Indes et de l'extrême Orient, avec ses gisements carbonifères d'une exploitation peut-être lucrative, réserverait une progression rapide aux affaires de ce comptoir, en y attirant tous les bateaux à vapeur, qui aujourd'hui, dans ces mers, en sont réduits à subir le monopole onéreux des entrepôts d'Aden, où tout s'emmagasine à grands frais. Un jour ou l'autre, également, le golfe Persique devra s'ouvrir à notre commerce pour lui livrer les denrées, à peine soupçonnées encore, dont il regorge. Ce jour-là, c'est une nouvelle source de prospérité et d'importance pour Obock, le seul port français où l'on puisse, à mi-chemin de Marseille, relâcher et se ravitailler. Il suffira d'indiquer la voie pour qu'on la suive. Là-bas, dans cette partie de l'Orient, la fortune nous tend les bras. Obock doit devenir entre nos mains le Singapour de l'Afrique.

Encore plus poste militaire que port commercial, Aden a vainement tenté d'atteindre à des résultats de ce genre. L'animosité des Arabes, dont là comme ailleurs l'orgueil anglais a promptement éveillé les farouches défiances, lui refuse tout débouché, tout avenir par la terre ferme, et la distance qui le sépare de l'Afrique, bien que peu considérable, l'est encore trop pour que les peuples de l'intérieur aient jamais songé à tourner les yeux de son côté. Les quelques barques arabes ou navires des Indes qui annuellement viennent mouiller à Berberah ou à Zeïlah, et dont le nombre, limité par la routine, ne s'est pas accru depuis longtemps, sont insuffisants à transporter tout ce que l'appétit mercantile des races continentales tiendrait en réserve à des efforts plus entreprenants, comme à les fournir de ce qui leur manque. Tout reste donc à tenter sur ce terrain, et une expérience bien vite fructueuse y ouvrirait une carrière florissante à l'activité des individus comme du peuple assez intelligents pour en saisir, dès maintenant, les avantages futurs, assez habiles pour s'y frayer, avant d'autres, une issue.

Voilà ce que je me disais, tout en jetant mon dernier adieu à ces rivages. Je voguais vers

Aden, où je devais retrouver enfin le pavillon national et mettre le pied, pour rentrer en France après deux ans d'absence, sur un paquebot français. Je ne dépeindrai pas Aden. Tout le monde le connaît aujourd'hui, et la description en est devenue aussi banale que celle d'un faubourg de Paris. Mais, en revoyant cette forteresse redoutable, élevée comme par magie sur un roc calciné, sans une goutte d'eau, sans un brin d'herbe, fermée du côté de la terre à tout rapport avec les populations environnantes, n'offrant même aux relations maritimes qu'un difficile accès, et pourtant devenue, en dépit des obstacles naturels, des haines sans merci, par la seule volonté d'un grand peuple, le boulevard de sa puissance dans ces latitudes, et l'unique refuge de tous les navires de l'Europe, je me représentais ce qu'à notre tour nous pourrions faire d'Obock, mieux situé, plus favorisé, tout préparé pour une colonisation féconde, déjà ouvert aux initiatives commerciales, et j'espérais... J'espère toujours. Puisse l'avenir me donner bientôt raison !

FIN

TABLE DES MATIÈRES

Pages.

CHAPITRE PREMIER

Suez et le Puits de Moïse. — Les bateaux de l'*Azizié*. — Yambo. — Les Arnautes. — Le gouverneur turc. — Fanatisme de la population musulmane................. 1

CHAPITRE II

Djeddah. — Ses édifices. — Les derviches hurleurs. — Nos consuls en Orient. — L'autorité turque en Arabie. — Le grand chérif de la Mecque. — Le tombeau d'Ève.... 16

CHAPITRE III

Navigation en *sambouck*. — Le marchand de Riad. — Le gouverneur de Gonfoudah. — Mes ordonnances médicales. — Tempête. — Calme plat. — Arrivée à Massaouah.................................. 29

CHAPITRE IV

Aspect de Massaouah. — Son importance commerciale. — Les Banians. — Les porteuses d'eau. — Le Nahib d'Arkiko et ses soldats. — Son hospitalité. — Son attachement à la France. — Mes préparatifs de départ pour l'intérieur.................................. 45

CHAPITRE V

Monkoullo. — L'ancien établissement de la mission des Pères Lazaristes. — Première journée de marche. — Bivouac au désert. — Les bêtes fauves. — La musique arabe. — Abondance et variété du gibier............ 63

CHAPITRE VI

La région montagneuse. — Les campements de pâturages. — Première eau courante. — Caravane d'indigènes. — Les dattiers d'Addi-Rasu. — Le baobab et son fruit. — Village d'Akrour.......................... 79

CHAPITRE VII

Hebo. — La mission catholique. — Les prêtres et les religieuses indigènes. — Mgr de Jacobis. — Son tombeau. — Une ambassade française en Abyssinie. — Le Kantibah d'Halaï. — La justice des négus. — Route d'Hebo à Halaï.. 101

CHAPITRE VIII

Halaï. — Les rebelles et les lieutenants de Théodoros. — Mon installation provisoire. — Les saints de la religion cophte. — Aspect du plateau éthiopien. — Les Ambas. — La féodalité abyssine. — Théodoros et les Européens. 123

CHAPITRE IX

Le rôle des missionnaires français en Abyssinie. — Sympathies des populations pour la France. — Richesses naturelles de l'Abyssinie. — Son industrie. — Un noble abyssin en voyage. — Les fusiliers indigènes......... 143

CHAPITRE X

La veuve indigène d'un Anglais. — Sa toilette. — Les mariages en Abyssinie. — Le clergé. — Les couvents. — L'évêque. — Le pèlerinage de Jérusalem. — Visite chez un chef. — Les ambassadeurs de Goubesié. — Kassa le futur négus.................................... 160

CHAPITRE XI

Arrivée du gouverneur de l'Hamacen. — Mon entrevue avec lui. — Il me propose de me joindre à son armée. — Notre marche en avant. — Aspect des troupes. — Le camp. — Les troubadours. — L'ennemi. — Bataille de Goundet. — Mon retour à la côte................. 186

CHAPITRE XII

Le Tarenta. — Un mancenillier. — Mes chasses quotidiennes. — Une rencontre. — Le Djebel-Gueddam. — Zoula. — Les ruines et la baie d'Adulis. — Les tombeaux des Rôms. — Sanafé. — Le rivage du golfe................... 210

CHAPITRE XIII

L'île de Dessé et la baie d'Ingal. — Le chef souverain des Danakils. — Un chasseur d'éléphants. — Les maisons des fourmis. — Les requins. — Meder. — Notre fugue dans le désert. — Orage de sable. — La soif. — Les îlots de la côte.. 235

CHAPITRE XIV

Le fond de la baie d'Adulis. — Affleurements carbonifères. — Terrain volcanique. — Les naturels. — Shomo Mohammed. — Retour à Massaouah. — Les mariages des porteuses d'eau. — Prise de possession par l'Égypte. — Mgr Massaja. — Les petis esclaves et leur baptême. — Les lions d'Haylet.................................. 260

CHAPITRE XV

Exploration chez les Borris. — Beled el-Bogorr. — Les éléphants. — Obock, possession française. — Importance et avantage de sa situation. — Ce qu'on en pourrait faire. — Aden. — Retour en France.......................... 284

www.ingramcontent.com/pod-product-compliance
Lightning Source LLC
Chambersburg PA
CBHW071248160426
43196CB00009B/1211